SERIES OF STUDIES
ON
CHINESE
CONFUCIUS
TEMPLES

中国文庙研究丛书

总　主　编　周洪宇

副总主编　赵国权

本书系

国家社科基金（教育学）

2016年度课题

"中国古代儒家教育生活及其演变研究"

（课题批准号：BOA160029）

系列成果之一

国家出版基金项目
NATIONAL PUBLICATION FOUNDATION

A
STUDY
ON
JINAN
CONFUCIUS
TEMPLE

济南府学文庙研究

广少奎　庄倩钰 等编著

山东教育出版社
·济南·

总序

　　德国哲学家雅斯贝尔斯在其所著《历史的起源与目标》一书中，曾提出人类文明的"轴心时代"这一命题，即在公元前500年左右，古希腊、以色列、中国和印度，都处在人类文明的重大突破期，都出现了伟大的精神导师，诸如古希腊的苏格拉底、柏拉图、亚里士多德，以色列的犹太教先知们，古印度的释迦牟尼，中国的孔子、老子等，他们的思想一直影响至今。但相比较而言，孔子更具有代表性，其所创立的儒家思想不仅影响中国社会两千多年而从未中断过，且被后世创造性地转化为物质载体即文庙。如同"四书五经"一样，文庙在儒学传承中扮演着不可或缺的角色。尤其是文庙与官学或书院融合后，形成了中国历史及儒学文化史上特有的"庙学合一"或"庙学""学庙"现象，也使得文庙作为儒家文化的标志性符号，以其独特的精神特质深刻影响着中国的政治生态、社会生态、文化生态和教育生态，还辐射到周边及欧美不少国家和地区，至今仍彰显其强大的生命力，成为国内外学术界热议不休的历史"活化石"。

壹

据史料记载，主祀孔子的庙宇有文庙、孔庙、学庙、庙学、学宫以及宣圣庙、至圣庙、夫子庙、先师庙、先师殿、大成殿、礼殿、燕居堂、中和堂等不同的称呼，然最流行、最常用的就是文庙和孔庙，因而一些权威的大型工具书在对文庙、孔庙加以解读时，不同程度地认同文庙即孔庙、孔庙即文庙。如商务印书馆修订本《辞源》解释说，孔庙在"明清时也叫文庙"，文庙即孔子庙，"元明以后通称文庙"。[1]顾明远主编的《教育大辞典》认为，孔庙"亦称文庙"，文庙"即孔庙……元以后多称文庙"。[2]近人的学术论著中也多持此意见，这主要是基于对主祀孔子这一历史存在的认同。

"文庙"一词，较早见于《南齐书》。齐高帝时的尚书右仆射王俭，针对明堂与郊祀之礼，曾引用《郑志》中赵商与郑玄的一番对话，赵商问曰："说者谓天子庙制如明堂，是为明堂即文庙邪？"[3]《新唐书》中又有"汉孝惠、孝景、孝宣令郡国诸侯立高祖、文、武庙"[4]的记载。汉惠帝刘盈乃刘邦之子，西汉第二位帝王。可见，在西汉初年就有文庙的称呼，只是此时的文庙与孔子及其被封为"文宣王"没有必然联系。

在古汉语中，"文"与"武"是相对的一组概念。按古制，凡有功于社稷的文臣武官，均可设庙祠以祀。如主祀姜子牙的武成庙、主祀岳飞的岳飞庙、主祀关羽的关帝庙等，都属于"武庙"。而主祀姬旦的周公庙、主祀孔子的孔庙、主祀孟子的孟庙、主祀颜回的颜庙、主祀子思的子思庙、主祀曾参的曾子庙，以及孟子游梁祠、子贡祠、武侯祠、包公

[1] 商务印书馆编辑部编：《辞源》，商务印书馆1979年版，第778、1362页。
[2] 顾明远主编：《教育大辞典》第8卷，上海教育出版社1991年版，第152页。
[3]《南齐书·礼上》。
[4]《新唐书·高郢传》。

祠、范公祠等，都属于文庙。且武庙与文庙各有其配享及乐舞礼制，如《宋书》所载，曹魏时期"制《武始》舞武庙，制《咸熙》舞文庙"①。尤其是自唐宋以后，各地既建文庙又建武庙。因此，广义上的文庙，是一种与武庙相对的、主祀有功文臣或先儒先贤的礼制性建筑，体现出历朝历代"文治"的政治意图，负载有"价值判断和意识形态韵味"②，属于文化史学研究的范畴。而狭义上的文庙，则单指主祀孔子的礼制性建筑，亦即孔庙，也就是本丛书所论及的文庙。

就狭义上的文庙来说，史料及后世文献多以孔庙相称，明清尤甚。这是因为孔子乃"文道"之奠基者。自汉初始统治者就开始推崇孔子及其创立的儒学，汉高祖刘邦路过曲阜时还"以太牢祠焉"③。汉武帝"独尊儒术"后，儒学便一跃成为官方哲学，在其后上千年的发展历程中，孔子犹如道教尊老子、佛教尊释迦牟尼一样被推上神坛，或被追封为"文宣王"，或被奉为"万世师表"，主祀孔子的礼制性建筑文庙也逐步遍设于京师及全国各地。

按所承载的功能，文庙可以分为四类：

一是国庙。这是由帝王代表国家祭拜孔子的礼制性建筑，主要是设于京师的皇家孔庙。曲阜孔庙在京师未设孔庙之前曾一度扮演国庙的角色。

二是家庙。家庙是孔子家族的宗庙，如曲阜孔庙、浙江衢州孔庙以及河南郏县文庙（既是家庙又是学庙）等。

三是学庙。因庙设学、因学设庙或庙学同建，形成"庙学合一"的格局，具体是指与各级官学及书院直接相关的主祀孔子的庙宇，因而也多被称为"庙学"。明清时期多被称为文庙，如上海文庙、苏州文庙、郑州文庙等。还有被称为学宫的，如广东的番禺学宫、海南的文昌学宫等。此类文庙数量庞

---

① 《宋书·乐一》。
② 〔英〕海伍德：《政治学核心概念》，吴勇译，天津人民出版社2008年版，第4页。
③ 《史记·孔子世家》。

大，除少量的国庙、家庙、村庙外，其余的全部是学庙。

四是村庙。凡是学庙普及不到的边远地区，地方官员为推崇弘扬儒学、满足民众对圣人孔子的崇拜和对儒家文化信仰的需求，便在人口聚集区的村镇设孔庙奉祀孔子及有功于儒学的先儒先贤，可称之为"村庙"。如福建连城县培田村有一处清乾隆四十四年（1779年）所建的"文武庙"，文庙和武庙建在一栋两层阁楼内，下层武庙祀关羽，上层文庙祀孔子。在中原一带，多有因孔子圣迹所到之处而建的纪念性孔庙，如河南永城的芒砀山夫子庙是为纪念孔子在此避雨晒书而建的，河南淮阳的弦歌台为纪念孔子在此绝粮依然"弦歌不衰"而建（附有书院，亦为学庙）等。村庙数量不多、规模不大、建制不一，但与其他文庙一样承载着传承儒学与社会教化的功能。

贰

文庙起始于何时，学术界众说纷纭，或言早至春秋，或曰晚至唐朝。但无论始于何时，它总有一个产生、发展及演变的过程，其历史积淀也足以占据儒学发展的半壁江山。

文庙的雏形当从曲阜因宅设庙始，即孔子去世后，其居室由后人奉为庙，"故所居堂、弟子内，后世因庙，藏孔子平生衣、冠、琴、车、书"，且在孔子冢祭奉孔子，"鲁世世相传，以岁时奉祠孔子冢，而诸儒亦讲礼、乡饮、大射于孔子冢"。[1]此时的曲阜孔庙虽属家庙性质，并非严格意义上的礼制性庙宇，孔子冢之学亦属私学，且孔庙与孔子冢不在一处，但毕竟是主祀孔子，又兼有私学活动，可称之为文庙雏形，实开文庙建制之先河。

[1]《史记·孔子世家》。

文庙与政治结缘、与官学融合，可追溯到东汉时期蜀郡重修的文翁石室（即蜀郡郡学）中的"周公礼殿"。据史载："蜀儒文章冠天下，其学校之盛，汉称石室、礼殿，近世则石九经，今皆存焉。"[①]可以说，蜀郡郡学中的周公礼殿实乃"中国古代庙学合一的最早范本"，"曲阜之外中国所建最早祭祀周公、孔子的机构"。[②]但这只是地方政府行为，尚未在全国实施，更是主祀周公，并非孔子。自汉武帝"独尊儒术"后，统治者把尊孔崇儒提到国家治理的高度，开始加封孔子及其后裔。永平二年（59年），汉明帝更是诏令郡县学校皆祀周公、孔子。这是首次以中央诏令的形式祭祀周公、孔子。

魏晋南北朝虽王朝更替频繁，加之佛道及玄学的冲击，但统治者的尊孔崇儒政策没有弱化，文庙礼制建设多有成就。如曹丕于黄初二年（221年）下令，"鲁郡修起旧庙，置百户吏卒以守卫之，又于其外广为室屋以居学者"[③]，还要求各地修葺孔庙，重开祀孔之制。东晋时在国子学"增造庙屋一百五十五间"[④]。北魏太武帝时"起太学于城东，祀孔子，以颜渊配"[⑤]，开创中央国学祭孔之制；孝文帝不仅在国都平城（今山西大同）创建孔子庙，开国都孔庙之先河，还下诏规范祭孔礼制，要求"自今已后，有祭孔子庙，制用酒脯而已"[⑥]等。

隋唐时期重新确立儒学及孔子的政治地位，文庙进一步规范化和制度化。唐高祖李渊于武德二年（619年）下诏在国子学中立周公、孔子庙，四时致祭。唐太宗李世民下令停祭周公，开国学文庙主祀孔子之先例；贞观二十一年（647年）开始确立追祀先贤先儒的制度，是年唐太宗下诏，以左丘明等二十二人配享文庙。开元八年（720年）唐玄宗下诏，以颜回等十哲从祀孔子，并塑为坐像；开元二十七年（739

① [宋]席益：《府学石经堂图籍记》，见[宋]程遇孙等编《成都文类》卷30，文渊阁四库全书本。
② 舒大刚、任利荣：《"庙学合一"：成都汉文翁石室"周公礼殿"考》，载《四川大学学报（哲学社会科学版）》2014年第5期。
③《三国志·魏书二·文帝纪第二》。
④《宋书·礼一》。
⑤《魏书·世祖纪上》。
⑥《魏书·高祖纪上》。

年）追谥孔子为文宣王，追赠颜回为兖国公，其余九哲弟子皆为侯，另追赠曾参以下七十三人为伯，孔子自此开始被称"王"。自唐以来，庙学合一进程逐步推进，庙学之制更加完备，史载"唐开元间，定孔子为先圣庙，而衮冕南面，每岁春秋祀焉，由是庙学之礼益备，凡有学者必有庙，示其尊也"①。

宋元时期，文庙设置更为普遍，"宋兴，崇尚文治，吾夫子之祀遍天下"②。不仅是官学，还有自宋朝日益兴起的书院内也必崇祀孔子，"每个书院必塑有孔子及十哲的肖像，甚至图画七十二贤一同配飨"③。尤其是北宋至和二年（1055年），宋仁宗开加封孔子嫡长子孙"衍圣公"的先例；南宋绍兴十年（1140年），宋高宗诏令"以释奠文宣王为大祀"④，即规定祭祀孔子的礼仪与祭祀社稷的大礼相同，均为国家级的重大祀典。至元朝，元武宗加封孔子为"大成至圣文宣王"⑤；至明朝嘉靖年间，历经数百年的"孟子升格运动"，儒学的重要传承人孟子被正式封为"亚圣"。在此情况下，文庙遍及全国各地，"郡县有学，学必有庙"⑥。

明清时期，"文庙"这一称呼开始被广泛使用。朱元璋即位后，改称孔子为"先师"，洪武元年便"以太牢祀先师孔子于国学"⑦，还"诏天下通祀孔子"⑧。明永乐八年（1410年），不仅"令天下文庙圣贤衣冠绘塑不合古制者悉改正"⑨，且改学校先师庙为"文庙"，自此"文庙"之名盛行天下。至明末，全国各地所建文庙多达1560所。⑩清初，康熙帝亲笔御书"万世师表"匾额悬于文庙大成殿，这是历史上首次称颂孔子为"万世师表"，表达出统治者对孔子及儒学的敬仰之情，也昭示出儒学的文化力量。至清末，文庙增至1740多所。⑪

① 吴澄：《崇仁县孔子庙碑》，见《吴文正公集》卷15，台北新文丰出版公司1985年版。
② ［南宋］陈宜中：《学道书院记》，见《苏州府志》卷26，清光绪九年刊本。
③ 陈青之：《中国教育史》，商务印书馆1936年版，第195页。
④《宋史·高宗六》。
⑤《元史·武宗一》。
⑥［清］阮元：《两浙金石志·杭州路重建庙学之碑》。
⑦《明史·太祖二》。
⑧《明史·太祖三》。
⑨《明会典·卷八十四》。
⑩ 王贵祥：《明代不同等级儒学孔庙建筑制度探》，载《中国建筑史论汇刊》2012年第2期。
⑪ 刘新：《儒家建筑文庙》，中国建筑工业出版社2013年版，第18页。

清末开办新式学堂后，庙学开始分离，文庙由以往的祭祀与教学两大主要功能蜕变为单一的祭祀功能，没有了"官学"这一光环，其维修和保护自然会受到一些影响；但不能否认其大教育功能的存在，那就是继续承担着社会教化的重任，且依然是广大士子心仪向往的神圣殿堂。虽经风风雨雨，仍有不少的文庙得以较好或部分地保存下来。改革开放后，文庙作为优秀传统文化的重要组成部分而受到普遍关注，其资源的开发和利用也被提到日程上来，文庙发展又迎来了一个新的春天。据国家文物局《文庙、书院等儒家遗产保护利用现状调研报告》（内部资料）统计，截至2016年底，除内蒙古、西藏、宁夏及台湾、香港、澳门外，共有327处文庙列入省级重点文物保护单位和全国重点文物保护单位名录，其中国保级文庙为108处。此外，日本、韩国、越南等周边国家也有近100处文庙。可以说，文庙立足本土，辐射周边，形成足以和佛寺、道观相媲美的"儒庙景观"。

叁

自文庙登上中国历史的舞台，便开始发挥其独特的多元功能，影响到中国的政治生态、文化生态及教育生态。

毫无疑问，文庙的强势缘于与政治生活的结合。自西汉确立以儒治国后，魏晋至明清皆秉承儒治政统，不断提高孔子及儒学的地位，称孔子为"人伦之表"，称儒学为"帝道之纲"，为此不断地完善庙祀孔子的礼仪制度。期间，儒学确实遭受过不同学术流派的冲击，但因儒学自身的包容性与再生力，以及与政治生活的紧密联系，它在博弈中始终占据着权力的中心位置。历代各地文庙正是在这一儒化的背景下得以建造的，反过来又对政治生态起到一种固化作用。诸如每当因社会剧烈震荡带来道德秩序的破坏、所谓"不孝不悌之事，频见词诉"①之时，统治者都毅然决然地动用儒学来拯救社会道德的缺失。每当基业稳定之际，统治者又会诏令修建文庙以传承儒学，并利用文庙祭孔活动来"宣德化""正人心"。总之，要让"君君、臣臣、父父、子子"等伦理观念根植于官员及民众心中，杜绝一切"僭越"行为，借以维系和谐的政治生态。

基于与政治生活的结缘，文庙在一定程度上成为以儒学为主体的中国传统文化反映在现实中的物化形式。这一被物化的建筑群，与"四书五经"一样，具有同等重要的文化传承价值。如果说"四书五经"借助文本来传承儒家文化的话，那么文庙则是借助建筑、礼仪等起到文化传承的作用。诸如按照礼制，文庙建筑分别有九进、七进、五进、三进院落等，常与官学毗邻，庙中有学、学中有庙等，将古代的庙宇性建筑文化传承至今。又如文庙的祭祀活动，从供奉人物的选择、座序排列到祭祀时的祭器、祭品、礼服、礼仪、音乐、舞蹈等，无不在制造一定的场境和氛围，引发民众对儒学文化的认同，从而形成特有的文化基因和精神特质，以至祭祀文化代代相传，生生不息。

基于文庙与官学或书院的结缘，文庙的设施及祭祀活动又有"风励士子"的强大教化功能，足以使在读学子形成对师道和学业的敬畏感。这是因为文庙中的受祀对象，已成为道德、道统、学统的象征，是言谈举止、待人接物的标杆，更是一种精神文化的符号。那么在文庙内祭拜这些先圣先贤，足以"使天下之士观感奋兴，肃然生其敬畏之心，油然动其效法之念"②，亦即通过"营造出一种庄严肃穆的场景，

① [南宋] 徐元杰：《延平郡学及书院诸学榜》，见《梅野集》卷11，文渊阁四库全书本。
② [清] 庞钟璐：《缮写成帙恭呈御览仰祈》，见《文庙祀典考》卷50，清光绪戊寅家藏本。

使人们对先圣先师先贤等供祀对象的崇敬之情升华为一种神圣的体验"[①]。正是这种庄严肃穆的文化场景，使得诸生在先圣先贤像前"穆然而志专，徘徊乐之，不忍去也"[②]。从"穆然"到"乐之"再到"不忍去"，足见谒祠之举对在院生徒的感染力之大。更使得"自为童子时"的文天祥，看到文庙中还奉祀乡贤先儒欧阳修、杨邦乂、胡铨等塑像，且"皆谥忠"，欣然慕之曰："没不俎豆其间，非夫也。"[③]如此，一代代学子带着对师道和学业的敬畏，去追逐"希圣希贤"的人生理想，最终实现"传道济民"的处世目标，这也是"庙学合一"价值的最好体现。

肆

正因为有如此多元的价值及功能，文庙才能在庙学分离后艰难地生存下来，后来者才能继续守望着中华优秀传统文化这块沃土而不至于断裂或丢失。改革开放以来，国家更加重视保护和弘扬中华优秀传统文化，文庙作为儒家文化的载体自然迎来了难得的发展机遇。曲阜孔庙的祭孔活动以往由民间团体主持，从2004年起转而由地方政府主办，2007年又上升到由山东省政府与教育部、文化部等联合主办，由此带动了各地文庙的官方"祭孔"活动；越来越多的文庙遗存被列为全国重点文物保护单位，同时带动了全国各地对文庙遗存的修复和保护工作。党的十八大报告明确指出"文化是民族的血脉，是人民的精神家园"，并基于对优秀传统文化营养的汲取，提出了"二十四字"的社会主义核心价值观。2014年五四青年节当日，习近平总书记在与北京大学师生座谈时指出，中华优秀传统文化已经成为中华民族的基因，植

---

① 肖永明、唐亚阳：《书院祭祀的教育及社会教化功能》，载《湖南大学学报（社会科学版）》2005年第3期。
② [南宋] 陈傅良：《潭州重修岳麓书院记》，见《止斋集》卷39，文渊阁四库全书本。
③ 《宋史·文天祥传》。

根在中国人内心，影响着中国人的思维方式和行为方式，今天，我们提倡和弘扬社会主义核心价值观，必须从中汲取丰富营养，否则就不会有生命力和影响力。2017年1月，中共中央办公厅、国务院办公厅印发《关于实施中华优秀传统文化传承发展工程的意见》。该意见指出，在五千多年文明发展史中孕育的中华优秀传统文化，积淀着中华民族最深沉的精神追求，代表着中华民族独特的精神标识，是中华民族生生不息、发展壮大的丰厚滋养，是中国特色社会主义植根的文化沃土，是当代中国发展的突出优势，对延续和发展中华文明、促进人类文明进步，发挥着重要作用。同时，该意见从重要意义、总体要求、主要内容、重点任务、组织实施和保障措施等方面予以战略性、全局性部署。党的十九大报告中，同样强调"文化是一个国家、一个民族的灵魂。文化兴国运兴，文化强民族强。没有高度的文化自信，没有文化的繁荣兴盛，就没有中华民族伟大复兴"，"中国特色社会主义文化，源自于中华民族五千多年文明历史所孕育的中华优秀传统文化"，在新时代传承与弘扬优秀传统文化，必须"创造性转化、创新性发展"。那么，文庙作为传播儒学的主阵地，理应成为培育和践行社会主义核心价值观的重要文化阵地。事实上，已有部分文庙积极开展国学教育普及活动，如举办成人礼、开笔礼、拜师礼等，取得明显效果。

但在现实中，文庙的发展还面临诸多问题或难题。有些地方政府文物保护意识淡薄，有部分文庙遗存得不到正常的维修和保护；部分得到保护的文庙，其蕴藏的多元功能尚未得到有效发挥，甚至存在过于功利化的倾向；部分文庙设施及祭祀活动不合礼制，存在一系列具体问题，比如祭祀日应是生日还是卒日、受祀对象只是孔子还是分层次进行、每年各地文庙是同时祭祀还是"各自为政"、祭文是年年都写还是规范统一，以及在东西两庑及乡贤祠、名宦祠中是否可以续增一些新儒学代表人物等问题。要根本解决文庙发展中的问题，有待于对文庙的深入系统研究。

伍

自从文庙问世后，就有不少学者从不同的角度、用不同的方式，对文庙的建制、布局、祭祀、教化等问题做过不同程度的思考和论述。自明清以来，在举国编著大型丛书、类书的驱动下，大批学者开始对文庙的各种资料进行梳理、研究和汇编。如《明史·艺文志》就载有潘峦的《文庙乐编》、何栋如的《文庙雅乐考》、黄居中的《文庙礼乐志》、瞿九思的《孔庙礼乐考》；《清史稿·艺文志》载有阎若璩的《孔庙从祀末议》、庞钟璐的《文庙祀典考》、蓝锡瑞的《醴陵县文庙丁祭谱》、郎廷极的《文庙从祀先贤先儒考》等。此外，还有陈锦的《文庙从祀位次考》、张侠的《文庙贤儒功德录》、金之植的《文庙礼乐考》、牛树梅的《文庙通考》以及民国时期孙树义的《文庙续通考》等。这些成果对文庙的发展流变、建筑形制、祭祀礼仪及从祀制度等都做了系统考辨。改革开放以来，随着国家对优秀传统文化传承的重视及文化遗存保护力度的加强，文庙研究呈现出良好的发展态势，先后出版多部有代表性的学术著作，诸如范小平的《中国孔庙》（2004）、陈传平主编的《世界孔庙》（2004）、刘亚伟的《远去的历史场景：祀孔大典与孔庙》（2009）、孔祥林等的《世界孔子庙研究》（2011）、彭蓉的《中国孔庙建筑与环境》（2011）、董喜宁的《孔庙祭祀研究》（2014）、朱鸿林的

《孔庙从祀与乡约》（2014）等。这些学术成果从历史学、建筑学、考古学、美学等多学科多维度对文庙进行了系统性、综合性思考与研究。但在文庙理论的提升、文庙精神的挖掘、文庙文化的传播、新时代文庙如何保护利用等问题上，还需要我们进一步去思考、去探索。

本套"中国文庙研究丛书"以马克思主义唯物史观和方法论为指导，以全球视野、中国立场、问题意识、实践导向为基本价值取向，坚持历史与逻辑相一致、宏观与微观相统一、本土与域外相参照、理论与实际相结合的基本原则，充分运用历史法、文献法、比较法以及田野调查、计量分析、文本叙事、图像佐证等研究方法，从选址布局、建筑特色、祭祀礼制、教化活动、文化传承等多个维度，对各地有代表性的文庙逐一进行微观分析和深度描述，使其成为介于学术性和普及性之间的一套文庙研究丛书。纳入丛书第一辑的有十二部研究专著，分别是《曲阜孔庙研究》《西安文庙研究》《上海文庙研究》《郑州文庙研究》《太原文庙研究》《苏州文庙研究》《南宁文庙研究》《济南府学文庙研究》《宁远文庙研究》《定州文庙研究》《建水文庙研究》《正定文庙研究》，其他有代表性的文庙也正在研究之中。在此基础上，我们后续会进行历代文庙史料搜集与整理以及文庙专题研究、文庙通史研究等，努力使"文庙学"成为一门专门学问。同时，也期待有更多的文庙爱好者加入文庙研究队伍，通过深入系统的研究以及多种形式的学术交流活动，让中国的文庙文化走向世界，让世界了解中国的文庙文化。

周洪宇

2020年12月

目 录

引言

　　济南府学文庙位于济南历下区中心地段，北靠风景秀美的大明湖，南邻古色古香的芙蓉街，西接贡院墙根街，东至曲水亭街，是一座深藏于现代闹市之中的古代建筑群。这是我国现存的一座重要的府级文庙，也是自宋代以来济南文化、教育的象征和中心，被誉为"齐鲁文衡""海岱文枢"。1992年，济南府学文庙被公布为省级重点文物保护单位，是与"济南府"地位相称、身份相符的文化遗存，具有历史文化、人文活动和建筑艺术等多重价值。

　　济南府学文庙由棂星门、影壁、戟门、泮池、大成殿、明伦堂、尊经阁、钟英坊、毓秀坊、中规亭、中矩亭等建筑构成，结构规整，布局严谨，气势宏大。该文庙最大的特点是拥有大、小两处泮池，池内不但有水，而且与丰富的地下泉水相贯通，故能常年流动，这在全国尚属孤例。其主体建筑大成殿是目前济南市域范围内最大的单体古建筑，也是山东省少有的一座单檐庑殿顶式建筑物，建筑规格和装饰都可与北京故宫太和殿、北京太庙大殿相媲美。济南府学文庙与曲阜孔庙遥相呼应，地缘相近，文化相亲，规制相仿。

　　史料记载，济南府学文庙原总长247米，宽64—66米，总面积超过15000平方米，在现存府级文庙中属规模较大者。整个建筑群依托济南独特的地形地貌，在一条中轴线上对称展开，极富美感。从现存的影壁、南门、泮池、尊经阁、大成殿等建筑物上，仍能感受到当年恢宏雍容的气势。特别是单檐庑殿顶的大成殿，其建筑规模的大小，在同类现存国内古建筑中是名列前茅的。据元明清时期一再修订出版的《历城县志》记载，济南府学文庙"在大明湖南，规制如鲁泮宫"，即布局、建筑均仿照曲阜孔庙，只是规模较小，级别较低。

　　济南府学文庙初创于北宋熙宁年间（1068—1077），由齐州（济南当时称齐州，1116年升格为济南府，辖区最大时下辖26个县）知州李恭主持建造，历史上曾数次被毁又数次重修。金代时，府学文庙因战争而遭到严重破坏，元末倾

鸟瞰曲水亭街与济南府学文庙（图片来源：图虫创意）

圮。明洪武二年（1369年）重建，成化十九年（1483年）拓建，后又经数代重修，到明朝末年，建筑布局已臻于完善。清代对文庙修葺不断，基本保持了明朝文庙的规模和建筑布局，某些构件还保留有宋代的遗风。经过重建，府学文庙北至明湖路，西至贡院墙根街，南至南门，东至曲水亭街，成为一组规模庞大、古色古香的建筑群。

历经自然风雨和社会动乱，济南府学文庙在历史上曾遭受过很大破坏，幸运的是其规制基本保存完整。经历代地方政府和热心人士的一再修葺、扩展或重建，文庙与济南城市的总体格调日益融为一体。新中国成立后，大成殿曾被辟为礼堂，府学文庙被改建成为大明湖路小学校舍。2005年，市政府决定全面重修府学文庙，搬迁和修葺工作随即展开。经过五年紧张施工，工程至2010年全面竣工，大成殿、尊经阁、棂星门、影壁等主体建筑焕然一新。受种种因素的影响，计划中的名宦祠、乡贤祠、文昌祠、启圣祠、节孝祠、魁星楼、学署教官宅、射圃等等建筑尚未开工，暂未恢复和重现古代官办学府的应有形象。但就目前看，修复后的文庙重新恢复了中路的建筑，分为前后七进院落，与泉城路、芙蓉街、曲水亭街、大明湖连成一条链式景区，已然彰显出都市繁华中的别样风采。可以预计，待计划中的建筑竣工落成，济南府学文庙必将以更加辉煌的形象、博大的胸怀、雍容的气象昭示世人、迎纳来宾，为泉城济南增添一处既古且新的历史名片和景点地标。

我国现存的文庙在古代分为三个等级，最高一级是国家或中央政府层面的，数量极少，如北京国子监（北京孔庙）、南京国子监（南京夫子庙）以及曲阜孔庙等；其次为府州一级，是地方上等级最高者，数量既多，对本区域影响亦极为深远；数量更多者为县一级，称县学文庙，规模、规制和影响皆远逊前者。因此，对济南府学文庙的历史建筑、结构布局、文字文物、教育活动等进行专门研究，既有助于探寻和追索城市文脉，更有助于唤起人们对文庙历史作用、功能与未来意义和价值的认识。

本书从济南府学文庙的演进历程入手，对其建筑形态及祭祀活动、教育功能、相关人物等多个方面进行探究，希望读者能够更好地了解府学文庙及其相关活动，增强文化自信，凝聚文化共识。同时，也针对文物保护和利用过程中存在的问题给出了一定建议。由于研究能力与成书时间所限，对于济南府学文庙及相关问题的研究难免有所疏漏。我们会在以后继续关注该领域的发展情况，也期待本研究能为当地社会的良好发展提供有益的助力，进而对实现中华民族伟大复兴的中国梦贡献力量。

01 >

文庙概述：
由面到点的历史简梳

中国文庙发展历史简说

济南府学文庙历史简梳和今日之状

孔子家庙是我国最早的文庙，也是后世所有文庙的雏形，距今已有两千多年的历史。最初，孔子家庙是孔子后裔及弟子为纪念孔子，以孔子旧宅为基础而建的。随着历代统治者对儒家文化的推崇，孔庙的祭祀仪式逐渐盛大，由家祀上升到国祀的高度；孔庙建筑规格也进一步完备，从家庙上升到了国庙的地位；同时，以孔庙为中心，各地还建起了规模不等的学舍学堂，逐步形成了具有中国特色、中国气派、中国风格的教化之所——文庙。

　　历经各个朝代的扩建重修，文庙规制越加完备，并且在中国古建筑中自成体系，遍及大江南北，更跨越了国界，发展到东亚、东南亚等一些国家。济南府学文庙作为府一级的地方官学，在其诞生之日起就承担着祭祀、褒奖与教育等多重功能。

中国文庙
发展历史简说

　　本节依照时代顺序，从总体上对我国文庙发展史进行提纲挈领的回顾。此举一方面旨在使读者对我国文庙的发展史有一简要的了解，另一方面，则为济南府学文庙的叙述提供背景性交代。我国文庙的发展历史，大致可分为文庙的雏形、初始、发展、繁荣、蓬勃再盛共五个阶段。

先秦时期：孔子故宅与文庙雏形

　　公元前479年4月，孔子这位一生命运坎坷、恓惶落魄的伟大教育家，经历了一系列痛失亲人的打击，在无奈、寂寞、失望与后生可畏的宽慰中逝世。为纪念孔子这位享誉列国的著名人物、这位德高望重的礼仪大师，鲁哀公直呼孔子为"尼父"，亲自作了如下诔文："旻天不吊，不憖遗一老！俾屏余一人以在位，茕茕余在疚！呜呼哀哉！尼父，无自律！"①

　　孔子去世后，其生前居住的旧宅被立为祭祀的庙堂，其弟子将孔子当年的衣、冠、琴、车、书册保存起来，供人们

①《左传·哀公十六年》。

瞻仰吊望。①这即是中国历史上第一座纪念孔子的建筑——曲阜孔庙的雏形。

孔子在世时虽然曾被学生称为"圣人"，被官员视为警世"木铎"，甚至被当权者视作无所不知的闻人，奉为年高德劭的国老，但只是当作一块礼贤下士的金字招牌，并未获得特别尊显的地位。所以，孔子去世后，前往致祭的多是孔子的后代和徒子徒孙。因此，这一时期孔子的纪念之所与其说是庙宇，倒不如说是一所"孔子旧物陈列馆"，无非是正房三间，外加一座院门和故井而已，其形制和规模与普通贵族之家区别不大。这座纪念之所，虽然不能排除孔子孙辈的修造，但估计也只是对原宅略作修葺与整治，其性质仅是一所家庙。

司马迁为撰写《史记》，曾亲往曲阜进行实地考察，说自己"适鲁，观仲尼庙堂车服礼器，诸生以时习礼其家，余祗回留之不能去云"②。感慨对孔子"虽不能至，然心向往之"。还在《史记》中记载："故所居堂、弟子内，后世因庙，藏孔子衣、冠、琴、车、书，至于汉二百余年不绝。"③这应该是对孔庙最早的记载了。

两汉时期：文庙初始阶段

《史记·孔子世家》记载，汉高帝十二年（前195年），刘邦从淮南平叛回乡后，专门来到曲阜，用"太牢"之礼（整猪、整牛、整羊三牲各一）祭奠孔子，此举开启了帝王祭孔的先河，也为祭孔之所由家庙向国庙转变埋下了伏笔。汉武帝奉行"罢黜百家，独尊儒术"之策，儒学备受推崇，被奉为官学，立于太学，还成为察举制度的主要标准，占据

① ［金］孔元措：《孔氏祖庭广记》，山东友谊出版社1989年版，第56页。
②《史记·孔子世家》。
③《史记·仲尼弟子列传》。

了意识形态的正统位置，祭孔活动更受到统治者的重视。在此情形下，曲阜城内狭小的孔家祖宅越来越难以满足统治者祭祀活动的需要。盛大的祭祀典礼需要相应规模的建筑。曲阜祭孔由此进行了很大程度的扩建，开始初具国庙的规模。到汉平帝元年（1年），孔子被追谥为"褒成宣尼公"，地位更加尊隆，孔庙的规格进一步提升。

东汉诸帝大多亲临曲阜祀孔，对孔子礼遇有加，孔庙的活动非常热闹。如建武五年（29年）十月，汉光武帝刘秀"幸鲁，使大司空祠孔子"①，后于建武十四年（38年）四月封孔子后裔孔志为褒成侯。汉明帝刘庄于永平十五年（72年）三月"幸孔子宅，祠仲尼及七十二弟子。亲御讲堂，命皇太子、诸王说经"②。汉章帝刘炟于元和二年（85年）春亲到曲阜，"以太牢祠孔子及七十二弟子，作六代之乐，大会孔氏男子二十以上者六十三人，命儒者讲《论语》"③。汉安帝刘祜也于延光三年（124年）三月赴鲁，"祠孔子及七十二弟子于阙里，自鲁相、令、丞、尉及孔氏亲属、妇女、诸生悉会"④。汉桓帝元嘉三年（153年），鲁相乙瑛专门上表朝廷，请为孔庙置百石卒史一人，典主守庙。⑤汉桓帝永兴元年（153年），朝廷下诏再修孔庙，并任命孔子后裔孔龢为百石卒史之职，负责管理守护孔庙。⑥孔庙所用一切经费皆由朝廷拨付，祭祀活动被固定下来，孔庙的功能由此明确。永寿二年（156年），鲁相韩敕以官钱附拨整修孔庙，铸造专用礼器，祭孔活动更为规范。⑦

与此同时，祀孔成为帝王每年行程表里的必有之项，起初是一年秋季祭孔一次，至汉灵帝改为一年春秋两次，还于光和元年（178年），"置鸿都门学，画孔子及七十二弟子像"⑧，以为供奉。从此各代继承祀孔为国家大典，并且其规

①《后汉书·光武帝本纪上》。
②《后汉书·明帝本纪》。
③《后汉书·儒林列传》。
④《后汉书·安帝本纪》。
⑤《乙瑛碑》，现藏曲阜石刻陈列馆。
⑥《乙瑛碑》，现藏曲阜石刻陈列馆。
⑦《礼器碑》，现藏曲阜石刻陈列馆。
⑧《后汉书·蔡邕列传》。

模宏大而隆重。

由朝廷核拨经费，并任命专门人员对孔庙进行守卫，这些举措意味着，朝廷已经认识到孔庙在社会稳定过程中的重大作用。从此，曲阜孔子家庙成为由国家委派官吏直接管理的国庙。但在这一时期，孔庙仅仅作为正统意识形态的象征性建筑，在全国其他地方还没有普遍建立，更没有与教育联系起来。

魏晋南北朝时期：文庙发展阶段

东汉末年，天下大乱，曲阜的社会秩序受到冲击，孔庙也被波及。一俟北方初定，孔庙的象征性功能再度受到统治者的重视。曹魏黄初元年（220年）二月，魏文帝曹丕下令在曲阜重修旧庙，在其旧宅的基础上进行了扩建，又在孔庙之外增建了许多房屋，用作学生学习，并设置了百户官兵对其进行守卫。此次重修孔庙，虽然仍维持旧有的规模形制，但在庙外开始建造房舍，学子们可以聚居于此，讲学习礼。这是我国古代文庙建制"庙学合一"的最早记录。

由于统治者的大力追捧，到东晋太元九年（384年），国学"增造庙屋一百五十五间"[1]。北魏太武帝始光三年（426年）于国都平城（今山西大同）城东建立太学，在太学之内祭祀孔子，并以颜回为配[2]，首度在国家最高学府内祀奉孔子。这为"庙学合一"之制的最终形成奠定了基础。太和十三年（489年）七月，孝文帝命人在都城平城建立孔子庙，[3]这标志着孔庙不再为曲阜所独有，开创了曲阜以外建立孔庙的先河。此后，北周、萧梁等王朝的历代皇帝都对孔庙进行了重修扩建，并且到孔庙亲自祭祀、讲学。北齐宣文帝还下令

[1]《宋书·礼志一》。
[2]《魏书·世祖本纪上》。
[3]《魏书·世祖本纪下》。

"郡学则于坊内立孔、颜庙，博士已下，亦每月朝云"①。学校与孔庙合一的雏形开始出现。②

但应指出的是，由于魏晋南北朝时处乱世，使得京师孔庙时有兴废，各地立孔庙的记载亦不多见。同时，由于统治者具有不同的喜好、见识、治世策略，使得祭孔活动并不规范，或与周公同庙并祭，或为孔子单独立庙，甚至还有以孔子从祀老子者，带有很大的随意性。

隋唐至两宋：文庙繁荣阶段

庙学制度的真正确立是在唐朝。隋初，文帝主张"以德代刑"，实行德治，"乃整万乘，率百僚，遵问道之仪"③。隋炀帝即位后亦行其法，兴校劝学，礼遇孔子。唐朝初年，朝廷的祭孔活动更加频繁，由此，儒家文化渗透到从中央到地方的各类学校。武德二年（619年），唐高祖下达《令国子学立周公孔子庙诏》，在国子学建立周公庙和孔子庙各一所，并要求按时进行祭祀。从此之后，孔庙和国家最高学府合而为一。贞观二年（628年），唐太宗下诏停祀周公，主祀孔子，以颜回为配，"大征天下儒士，以为学官。数幸国学，令祭酒、博士讲论，毕，赐以束帛。学生能通一经已上，咸得属吏"④，开始了礼遇儒生并且在全国范围内大规模的因学立庙和因庙立学的活动，使得"庠序遍于四海，儒生溢于三学"⑤。贞观四年（630年），唐太宗下诏命令各州县学都建立孔庙。⑥贞观二十一年（647年），唐太宗又下诏命包括左丘明在内的二十二人得以从祀孔庙。⑦这在制度上明确地对"庙学合一"进行了规定。开元二十七年（739年），唐玄宗追谥孔子为"文宣王"，命令全国各地都执行"夫子皆南面

①《隋书·礼仪志四》。
② 田增志：《文化传承中的教育空间与教育仪式——中国庙学教育之文化阐释与概念拓展》，中央民族大学2010年博士学位论文，第24—25页。
③《隋书·儒林列传》。
④《旧唐书·儒学列传上》。
⑤《旧唐书·刘祥道列传》。
⑥《新唐书·礼乐志五》。
⑦《新唐书·礼乐志五》。

坐，十哲等东西列侍"的标准，进一步规定了祀孔的仪制。[①]
从唐开始，"州县莫不有学，则凡学莫不有先圣之庙矣。"[②]
从此以后至清代，自中央最高学府到地方县学，皆须具备庙学制。我国始建于唐、五代期间的文庙比较多，但现存的寥寥无几，并且大都经过后来的复建重修。

宋王朝对于孔子的奠封及后裔的礼遇远超以往。太祖赵匡胤重用儒生，亲自驾临太庙，登堂礼拜；重建文庙，加增大成殿。建隆三年（962年），宋太祖命在国子监中"增葺祠宇，塑绘先师、先圣之像"，并亲自撰文颂扬孔子。宋太宗即位后明确规定，选用人才须"通经义，遵周孔之礼"，竭力提高孔子的地位，还下诏免除孔府一切税收，袭封孔宜为文宣公。大中祥符元年（1008年），宋真宗亲临曲阜"靴袍再拜"，又"幸叔梁纥堂"，并加谥孔子为"玄圣文宣王"。[③]更亲撰《玄圣文宣王赞》，称颂孔子是"人伦之表"。四年后，为避讳圣祖赵玄朗，改为"至圣文宣王"，又撰《崇儒术论》，赞扬儒学是"帝道之纲"。西夏仁宗李仁孝更是追封孔子为"文宣帝"，礼祀孔子及其尊亲，并且下令各州县建立庙宇用于祭祀。西夏首次追封孔子为"文宣帝"，这在中国历史上是绝无仅有的。历经唐宋，孔子的谥号由"先师"升为"先圣"，由"公"升为"王与帝"，其政治地位步步攀升。至和二年（1055年），宋仁宗下诏赐封孔子后裔世袭"衍圣公"，以孔子为代表的儒家文化受到了前所未有的重视，对孔庙的祭祀活动更是重视有加。

除此之外，各地的府、州、县文庙也得以发展。北宋雍熙年间（984—987），曲阜孔庙的建筑规划蓝本《文宣王庙阁》从朝廷流传出去，为各地建立、修葺孔庙确立了依据。[④]湖南澧县文庙、宁远文庙、岳阳文庙，四川资中文庙、富顺

---

① 《旧唐书·礼仪志四》。
② 《文献通考·学校考四》。
③ 《宋史·真宗本纪二》。
④ 范小平：《中国孔庙》，四川文艺出版社2004年版，第36页。

文庙，山西闻喜文庙，福建安溪文庙，江苏苏州文庙等皆兴建于此期。目前，在我国现存的文庙中，很多是在宋朝始建的，例如江苏的苏州文庙、江阴文庙、南京夫子庙以及山东的济南府学文庙等。这段时期学庙并重，各级各地官僚纷纷修建文庙，各地庙学应运而生。

元明清：文庙的蓬勃再盛期

元明清期间，各地的孔庙在原有的基础上，又有了比较大的发展。元统治者入主中原，在政治大局基本稳定之后，孔子思想再次为统治者所重，用于教化百姓，巩固统治。元大德十一年（1307年）建立了今天的北京孔庙，与中央官学国子监并列，形成右庙左学的格局。北京孔庙成为元、明、清三朝皇帝祀孔的专用场所。除此之外，元武宗加封孔子为"大成至圣文宣王"，元文宗封孔子之父叔梁纥为"启圣王"，孔子之母颜征在为"启圣王夫人"，加封孔子之孙孔伋（子思）为"沂国述圣公"，并且颁布诏令，令各地大建孔庙，刻碑纪念兴庙之举。自此，元朝对孔子的尊崇到了无以复加的地步，这些封号和头衔都反映出统治者尊崇孔子思想的目的："崇儒重道之意，度越前古。"[1]总体而言，元朝是一个庙学大发展的时代。

明清时期，我国各地文庙得到了进一步的发展。明太祖即位后，诏令以太牢祀孔子于国子学，并遣派官员前往曲阜祭拜。洪武三年（1370年），"革诸神封号，惟孔子封爵仍旧"[2]。嘉靖九年（1530年）以"至圣先师"称孔子，以儒家思想为统治工具。得益于统治者的推崇，这一时期儒学发展迅速，各地文庙也愈加繁盛。除了追封和祭祀外，此时期

①《元史·祭祀志六》。
②《明史·礼志四》。

统治者尊孔还有一个重要的方式，就是将孔子思想作为国家选官制度的重中之重。明太祖朱元璋规定以"四书五经"作为科举考试的主要内容，将程朱理学作为官学正式的学术思想，从而进一步将孔子思想神圣化、偶像化。

清朝不但是中国最后的封建王朝，也是历史上孔庙发展最为鼎盛的时期。清代尤其是清代前期，诸帝登基之前，常常亲临国子监辟雍讲学，并常书匾额，或悬于大成殿，或勒于石碑，嵌之宫墙，护以碑亭。如顺治二年（1645年），清世祖重新定位孔子的谥号，以"大成至圣文宣先师孔子"①为称。康熙皇帝甚至亲题"万世师表""斯文在兹"匾额悬于孔庙大成殿，雍正皇帝御题"生民未有"匾额等。自此，对孔子的封号和崇敬达到顶峰。不仅如此，清初诸帝屡赴曲阜，拜祭孔子，封赏孔氏族人。如康熙曾四至曲阜，乾隆亲临曲阜则多达九次，为历代帝王之最。受此影响，文庙在清代得到了大规模的扩建、重修和复建。

随着1905年科举制的废除，文庙这一官办教育的载体逐渐走向没落。近年来，随着"国学热"的方兴未艾和市民开展文化生活的迫切需要，人们逐渐认识到中国古代优秀传统文化的重要性，文庙的功能日益凸显，文庙建筑也逐渐被复修或重建。

---

① 《清史稿·世祖本纪一》。

济南府学文庙
历史简梳和今日之状

府学是我国古代府一级的教育机构，属于地方最高一级的官府办学，是介于国家最高学府国子监（或国子学）和州学、县学之间的较高层次的官学。明清时期府学最大的特点就是"庙学合一"，即府学就是文庙。这是各地主政官员为实施社会教化、褒奖地方贤达、培养所需人才而建立的教育机构。济南府学文庙即是"庙学合一"的经典建筑规制，是庙宇与学校的完美结合，自诞生之日起就承担了祭祀、教学与褒奖等重任。

济南府学文庙久负盛名，位于济南市历下区明湖路248号，北临风景秀美的大明湖，临近芙蓉街等老城街巷。在全国现存的文庙中，始建年代较早，且已成为今日济南城市文化的一大名片。济南府学文庙于1992年6月被公布为省级重点文物保护单位，是目前济南市区仅存的一组保护比较完整、规格较高的古建筑群，是与"济南府"地位、身份相符的文化遗存，具有历史文化和建筑艺术的双重价值，也是济南历史文化名城的明证。

泉城济南（图片来源：图虫创意）

宋代：文庙初建，规模初奠

　　隋朝创立的科举制度，对我国传统社会的政治、经济、文化、教育都产生了极其重要的影响。这一选拔制度让大众看到了通过接受教育改变自身命运的希望，使"朝为田舍郎，暮登天子堂"的梦想成为可能。为了满足读书人学习的需求，各级官员在中央及地方广设学宫，官学教育发展非常迅猛。

　　欧阳修在《襄州谷城县夫子庙记》中有云："隋唐之际，天下州县皆立学，置学官、生员，而释奠礼之遂以著令。其后州县学废，而释奠之礼，吏以其著令，故得不废。学废矣，无所从祭，则皆庙而祭之。"①可见，从唐朝开始，庙学即以制度的形式确立起来。此后直至清末，庙与学的关系结合得非常紧密，学校几乎都是以文庙为轴心展开的。

　　根据乾隆《历城县志·卷十二·建置考》和道光《济南

① 李逸安点校：《欧阳修全集》卷三十九，中华书局2001年版，第565页。

府志・卷十七・学校》《济南府志・卷十八・祠祀》等史料记载，济南府学文庙最早创建于北宋熙宁年间（1068—1077），即王安石主政时期。当时，齐州知州李恭以曲阜孔庙为蓝本，率领工匠在大明湖南岸拆旧立新，兴建起了济南府学文庙（时为齐州州学）。[1]这是我国现存文庙中始建年代较早的。[2]史料记载，文庙初建时，整个建筑群即是在一条中轴线上对称展开的，规模庞大；其主体建筑大成殿坐北朝南，是济南市历史上最大的单体古建筑。从当前保存下来的主体建筑，依然可以感受府学文庙当年宏伟端庄的气势。

总体而言，各地文庙在宋代得以大规模修建，除宋代立朝之初即奉行"兴文教，抑武事"的"右文"政策外，另一重要原因是"无庙学，则无学者，难以兴礼仪"，即通过兴办文庙，统治者认为有助于淳厚世风、传承文化、教化民心，达到"人心向善""学为圣人"之目的。于是，各地庙学应运而生，形成了在"天下郡邑必有学，学必有庙"的局面。这为济南府学文庙的创建提供了契机。

元代：有所修缮，活动不多

宋金对峙时期，山东处于金朝统治之下。金宣宗贞祐年间（1213—1217），济南府学文庙因战乱而闲置，既无人主持修葺，相关活动也被中断。很快，山东地区陷入更加混乱的战争之中，文庙的修缮与活动更无人顾及。

蒙古统治者入主中原后，为了巩固国家政权，稳定社会秩序，在文化教育领域开始大力推行"尊用汉法"的文教政策。在此背景下，至元年间（1264—1294），在当地官员主持下，济南路学文庙[3]被略加修缮，恢复祭祀与教学活动。其

① ［清］沈廷芳裁定，胡德琳总修，李文藻等纂辑：《历城县志》卷十二《建置考三・济南府学》，乾隆三十八年新修。
② 张华松编著：《历城县志》，济南出版社2007年版，第879页。
③ 元朝时期，将济南府改为济南路，所以此时的济南府学文庙应改称济南路学文庙。

修复之前的济南府学文庙大成殿旧照（图片来源：济南市文物保护利用中心）

后，同知济南路总管府事赵孟𫖮与天历年间（1328—1330）的济南路教授孔之岩先后置赡学田，为庙学活动提供了经费支撑。至正元年（1341年），济南路总管府副达鲁花赤喜寿组织民众增建垣墙，以围护文庙。至正六年（1346年），济南路学文庙得到山东提刑按察司副使珊竹忽里哈赤、知事李彦敬组织的扩建和改建，并重新加筑了围墙。修缮之后的府学墙长一千二百五十二尺，高一丈六尺，厚四尺，石墙基，白墙身，墙帽覆瓦，辉煌如宫墙，呈现出"郛如砥如，绳如翼如，言言秩秩，崇整完固"[①]的面貌。

明代：文庙扩建，趋于完备

经历了元末社会动荡混乱不安的局面后，明初统治者认识到"今天下初定，所急者衣食，所重者教化……足衣食者在于劝农桑，明教化者在于兴学校"[②]。进而采用"治世宜用文"的治国之策，制定了"治国以教化为先，教化以学校

① [清]王赠芳等修，成瓘等纂，济南市史志办公室整理：《济南府志下·卷六十五·艺文一》，中华书局 2013年版，第1825页。
②《明太祖实录》卷二十六。

为本"的文教政策，官学教育得到前所未有的发展。随着中央官学规模扩大，地方各级官学也普遍设立，同时采取免赋税、给补助、"科举必由学校"等一系列措施，调动了士子入官学读书的积极性，形成了"家有弦诵之声，人有青云之志"的社会风气。整个明代，济南府学文庙屡屡得到大规模的扩容修建，且气度远超前朝。

明洪武二年（1369年），朝廷发布兴学令，称："学校之教，至元其弊极矣。上下之间，波颓风靡，学校虽设，名存实亡……宜令郡县皆立学校，延师儒，授生徒，讲论圣道，使人日渐月化，以复先王之旧。"①并明令天下建文庙以祀孔子，因为"孔子明帝王之道，以教后世，使君君臣臣父父子子，纲常以正，彝伦攸序"②。在此背景下，济南知府崔亮奉令重建日显破败的文庙，组织修建了大成殿和文庙大门，随后延聘教授一人、训导四人主持祭祀与教学事宜，并按照朝廷"生员之数，府学四十人，州、县以次减十。师生月廪食米，人六斗，有司给以鱼肉"③的规定和待遇招收生员，使府学文庙的活动逐步开展起来。

经过数十年的风雨，济南府学文庙的建筑已有所老旧，且规模已不裕所用。因此，天顺五年（1461年），陈铨组织人力对文庙进行了再次整修，并增建学舍。成化十年（1474年），在济南知府蔡晟的主持下，府学文庙进行了更大幅度的扩修，除修建屏门之外，还建造了钟英坊、毓秀坊两座牌坊，使文庙的社会教化色彩更为浓厚。成化十三年（1477年），在巡按御史梁泽的主持下，拓建了大成殿、东西两庑，建造了戟门、明伦堂、棂星门等建筑，以后又重修数次。这些修整，使文庙的建筑规制日趋完备。尤其是明伦堂的修建，使济南府学文庙"庙学合一"的特色更为鲜明。成

①《明史·选举志一》。
②《明太祖实录》卷一百四十四。
③《明史·选举志一》。

化十九年（1483年），济南知府蔡晟再次组织人手在府学文庙内增建了庖厨、库房、廨舍、环碧亭，在东西两庑之内放置了像龛和乐器，修建了褒奖地方贤达士绅的专门场所——乡贤祠，从而使文庙的祭祀和褒奖活动更加规范。

随着文庙活动日益频繁，教学场地日显不足。正德七年（1512年），在时任济南知府章寓之的主持下，府学文庙内增建了聚众讲学的场所——讲堂，为学者来此讲学提供了便宜条件。为改善文庙的自然环境，万历二十八年（1600年），济南知府沈烝充分利用泉城的地理优势，组织人力开凿了一条人工河——梯云溪，把墙外的芙蓉泉水引入外泮池，又在棂星门的左右分别建起了方圆二亭，使府学文庙的景色更加美观。

天启七年（1627年），济南知府樊时英对文庙进行了更大规模的改建和扩充：除了将棂星门两侧的方圆二亭加以修葺并命名为"中矩亭""中规亭"之外，还凿地成池，将大明湖的湖水引入院内，在池上建造了灵巧毓秀的一方建筑——飞跃亭。此外，还组织人力开凿了玉带河，把河水引入内泮池，从西廊庑后绕到尊经阁。崇祯六年（1633年），济南知府顾燕语奉诏重修府学文庙，修建的具体内容不详。崇祯十一年（1638年），济南知府苟好善主持重修文庙的大成殿、明伦堂。但其时已是明末，文庙活动已盛况不再，明伦堂亦最终毁于战火。

总之，终整个明代，在"治世宜用文"的国策背景下，济南历届主政者对府学文庙进行了屡次大规模的整修和扩建，不仅使其规制日趋完善，而且奠定了文庙的基本格局，丰富了济南文化名城的历史内涵。

清代：沿袭明制，略加完善

清朝是我国传统社会的最后一个王朝，也是我国古代文庙活动的最后一个鼎盛时代。清朝入主中原之后，很多方面是"一仍明旧"的，不仅在文庙建筑格局、活动功能等方面沿袭明制，而且承袭了明代"治世宜用文"的治国之策，制定了"兴文教，崇经术，以开太平"[①]的文教政策。例如，顺治帝刚刚定鼎北京，就申明"六经"既是"帝人修身治人"之道，又是"臣子致君"之本，要求大小官员"留心学问"，研究儒家经学。同时采取祭祀孔子、袭封孔子后裔、奉祀朱熹、封赏朱熹后代等措施，树立儒学和理学的权威地位。

崇经必然尊孔，尊孔必然要定孔子名号。因此，早在顺治二年（1645年），孔子就被尊称为"大成至圣文宣先师"，由此确定了京师文庙孔子的谥号；顺治十四年（1657年），省略了"大成""文宣"四字，改称孔子为"至圣先师"。

除定孔子名号和文庙规制外，清初统治者广兴学校，设立府、卫、州、县儒学，设置教授、训导等专门人员。鉴于全国各地文庙大多或毁于战火，或年久失修，清初统治者屡屡下令各地加以修缮。目前，我国境内的文庙大都经历了清朝前期大规模的维修或重建，从而能够保留至今，济南府学文庙也不例外。

据相关资料记载，在政局较为稳定的康熙年间（1662—1722），在历届山东巡抚的主持下，济南府学文庙不仅被多次修缮，而且在大成殿前的东西两侧还各建了一座六角形的纪念性建筑——御碑亭。到康熙四十二年（1703年），济南

①《清文献通考·学校考七》。

府学文庙已经具有相当规模，成为一个较为完整的文庙建筑群落。到清朝末年，经过多次重修和扩建，已建成济南府城内引人注目、规模恢宏的古建筑群。其主要建筑除去中轴线上的棂星门、影壁、大成门、大成殿，以及内外泮池、东西两庑等建筑外，另有明伦堂、尊经阁、中矩亭、中规亭、乡贤祠、节孝祠、名宦祠、崇圣祠和教官衙门等建筑。仅由这些建筑的名称即可看出，在清代，济南府学文庙已完全具备了祭祀、教学和褒奖等职能。

终整个清朝，地方主政者对济南府学文庙进行了多达三十余次的修葺，可谓不遗余力。但是，这些修整主要是本着"修旧如旧"的原则进行的，除面貌一新外，未再增加新的建筑类别。即是说，清代府学文庙只是对明代的建筑格局略加完善，没有根本性质的变化。

科举废除，文庙败落

据统计，明清两代，从济南府学文庙考出来的举人有一万多人，足见文庙在山东当地社会发展历程中的重大作用。但从1905年之后，存续一千三百年之久的科举制被废除，儒家思想的正统地位被动摇。在此背景下，济南贡院首先衰废，其北部于1909年改为山东省图书馆，其余部分也被逐渐侵占。作为祭祀孔子、礼敬乡贤兼具地方官学与科举选拔功能的济南府学文庙也逐渐走向没落，仅仅作为一种历史文化象征而存在。由于连年军阀战乱，加之抗日战争和解放战争，济南府学文庙遭到严重破坏。仅在1926年张宗昌主政山东时，大成殿经历过一次维修，之后再也无人也无力主持修缮事宜。

由于管理不善、保护不力，府学文庙众多的名人碑刻流失，大部分建筑陆续被拆除，旧址改作民用。原文庙仅存大成殿、泮池、大成门、影壁和更衣所五座建筑。另外，文庙原有的屏门被迁至大明湖公园南门，大成殿则被辟为公共礼堂。

1946年，济南府学文庙成为山东省立第二实验小学的所在，1948年济南解放后，改为济南市芙蓉街小学。自此，文庙面目全非，存续千年的教化场所与历史彻底断裂。据统计，20世纪50年代，校园内尚存明清碑碣二十七通，包括大成殿内匾额七块，明伦堂匾额一块及其他石刻数种。到1982年普查时，仅剩清同治年间《重修济南府学文庙碑》和道光年间《济南府学教授训导为禁约事碑》等寥寥几块幸存。1964年，学校将除明伦堂之外的建筑拆除，在原址上新建了三层楼房用于办公和教学，并将校门改到大明湖路248号。1965年，学校更名为大明湖路小学。

从1984年起，山东曲阜以孔子诞辰日为契机，举办"中国（曲阜）国际孔子文化节"，并于曲阜孔庙大成殿前举行盛大的祭孔仪式，之后每年届时举行，且规模和影响越来越大。20世纪90年代以来，以儒家思想为代表的传统文化重要性日益显现，作为儒家文化物质载体的孔庙得以恢复和利用，于是在全国兴起修建文庙的浪潮。在此情形下，济南府学文庙也提上了复建重修的日程。

现存的济南府学文庙古建筑群，从影壁到大成殿布局基本完整，大门及大成殿均为明初建筑，在同类建筑中等级较高。特别是主体建筑大成殿，为九开间的单檐庑殿顶建筑，在我国现存的古建筑中，是除故宫太和殿、曲阜孔庙重檐庑殿顶之外等级最高的建筑，历史文化价值巨大。

重修文庙，复现辉煌

历经千年风雨，尤其是近数十年来的轻忽，济南府学文庙现仅存影壁、大门、大成殿等为数不多的古建筑，而且由于年久失修，已经破败不堪。特别是位于大明湖路小学校园内的大成殿，屋顶杂草丛生，多处坍塌，檐头脱落，门窗破碎，房屋倾斜严重，斗拱、飞檐、梁枋等亦岌岌可危。如再不及时修整，这座具有历史价值、代表文明古城济南的古建筑群落将不复存在。

济南是山东省省会，也是国务院公布的历史文化名城之一。为了对济南府学文庙加以继承、保护和发展，济南市文物局根据济南市总体规划和名城保护工程的要求，突出泉城风貌地带的理念，专门制定了济南府学文庙地区保护与整治规划，以济南府学文庙为中心，保留、修复以及新建部分传统建筑，重现济南府学文庙历史上的完备格局。

20世纪30年代济南府学文庙大成殿旧照（图片来源：济南市文物保护利用中心）

中国古建筑所承载的文化积淀具有唯一性与不可逆性，不仅在世界建筑史上独树一帜，更承载了中华民族悠久的历史文化和家国思念。在2003年2月举行的济南市政协会议上，时任市政协委员、市文化局副局长、市考古研究所所长崔大庸向大会提交了《关于迁出大明湖路小学等单位修复文庙的建议》。《建议》指出，文庙现存古建筑群从影壁到大成殿布局依然基本完整，大门及大成殿均为明初建筑，有较高的历史价值和文物价值。但文庙多处建筑破坏得相当严重，应立即重修。文庙的修缮保护还可与芙蓉街的开发相配合，北与大明湖相连，形成成片的历史建筑风貌带，为济南市恢复一处人文景观。

2003年9月，时任山东省文史馆馆员蔡凤书、韩明祥等九位老人联名给省领导写了一封建议修复济南府学文庙的信，得到省市主要领导和相关部门的高度重视。[1]2004年，济南市相关部门开始制订府学文庙相关修复方案。

府学文庙的重修复建，一切设施都是按原址重建的，如此规模的古建筑群修复在济南历史上还是首例。"千年大修"工程十分浩大，为了确保工程顺利进行，工作人员采取了不少新的维修方法，其中最重要的便是对大成殿进行"落架抬升"大修。现存大成殿的建筑等级、建筑规制以及体量是山东省乃至全国同类型古代建筑中较大者。维修中的另一项重要措施是罩室的搭建。由于大成殿的木制构件腐蚀较严重，为避免维修过程中遭受更多的损失，专家们决定在进行"落架抬升"前先加盖一个罩室。成本虽然较高，但对保护文物却大有好处，因此值得推广。

在大成殿"落架抬升"的过程中，将所有建筑原料编号，复建时原样恢复；部分已腐朽的材料用新料代替，修复

① 李丽丽：《济南文庙的前世今生》，载《齐鲁周刊》2010年1月8日。

过程中的重要步骤都经过文物专家的论证。此外，在文庙的维修过程中，工作人员进行了多次建筑方面的考古发掘。这些考古工作的成果，为最大限度恢复文庙的历史原貌提供了可靠的证据。

2005年9月10日，文庙开始大修，这是新中国成立后济南市政府历时最长、投资最大的一项文物修缮保护工程。首先修复现存的大成殿、影壁、大成门、泮池等景观，再重建已毁的棂星门、明伦堂、尊经阁等建筑。工作人员先对大成殿进行了屋面考古。这次考古一是考察瓦背下的灰背层，对其层次、年代、厚度和成分进行详细分析；二是对大屋顶进行了考察研究。屋面考古为了解中国传统建筑的材料运用和建筑形制、恢复屋顶原貌打好了基础。

2005年11月，在大成殿墙体拆除过程中，工作人员发现了一块由清朝雍正皇帝亲笔题写的御匾。这块匾破损严重，拼接起来后推断，匾额上刻的应该是"生民未有"四字，匾上还有"雍正御笔之宝"的印章，进一步证明了济南府学文庙的价值。

2006年7月，考古专家在大成殿西侧挖掘出廊庑遗迹。同年9月26日，由中国孔子基金会、济南市文化局和《中华遗产》杂志社共同举办的"全国文庙保护与利用高层论坛暨济南府学文庙修复座谈会"在济南召开，各地文庙负责人纷纷介绍了所在地文庙的情况，为济南府学文庙的保护和利用提供了思路和借鉴。①

同年10月，工作人员在大成殿南边发掘出了十余块明清时期的残碑，其中一块碑首是雕龙碑首，另外两个碑座上都雕有双龙戏珠的图案，可见当时朝廷对文庙的重视。与此同时，大成殿以南、泮池以北又发现了文庙牌坊的基址。从发

① 钱欢青：《济南府学文庙初现当年雄姿》，载"新学网"2008年4月23日。

掘出的基址看，文庙牌坊应为六柱五楼的木结构建筑，还横跨玉带河，相当雄伟。基址的发现，为文庙重建牌坊提供了可靠的依据。2007年4月，文庙大成殿进入最后的地面铺装工序。同年6月9日，大成殿以南的主体建筑完工，并对公众开放一天。同年底，随着大明湖路小学搬迁结束，大成殿以北原教学楼被拆除。

2010年春节期间，在市民的强烈呼吁下，济南市政府将文庙部分开放。同年9月，修缮一新的府学文庙正式对外开放。数年来，府学文庙不仅成为济南市的一大文化亮点，有关部门还在此举办了孔子文化节、开笔礼、新年祈福会等一系列活动。历经千年的济南府学文庙，在新的时代正日益焕发出勃勃生机，越来越发挥出传播优秀传统文化、涵养民众情操、提升社会风气的重要作用。

济南府学文庙今貌（郑保国／摄）

02>

济南府学文庙的空间布局及建筑寓意

文庙与济南府学文庙的空间布局

济南府学文庙之建筑详述

目前，全国各地现存的文庙大多是古代的地方官学。各地文庙建筑的空间布局和主体建筑大都仿照曲阜孔庙的规制而建，都有大成门、大成殿、棂星门、东西两庑等礼制性建筑，但从规模、等级、形制尺寸和空间布局上来说，都比曲阜孔庙低。因曲阜是孔子故里，孔庙专为纪念孔子而建，是历代帝王赴曲阜后祭孔的主要场所，既有意识形态的象征性意义，也使孔庙发挥着"国庙"的作用。这种地位和作用并不随朝代的更替而有较大变化，从而使曲阜成为千年一贯的"文化国都"之所在。地方文庙则既无如此的地位，更难有这样的作用。

　　济南府学文庙承担着祭祀、褒奖与学校教育等多重功能，既要为科举制度输送生员，还要教化一方百姓。这就必然会在建筑布局和建筑规制上有所体现。即是说，济南府学文庙既有专门用于祭祀的建筑，还有专门作为教学和褒奖之用的建筑。又因济南乃孔子故乡之首府，故其文庙规格亦高于其他地区府级之文庙。

文庙与济南府学
文庙的空间布局

曲阜孔庙是全国各地文庙建筑形制的本源，拥有三路九进院落，规模宏大，规制严整。各地文庙则既因地方行政级别而有不同的建筑规模，也因不同环境地势而呈现出不同的空间布局。总体上，地方文庙一般有三进院落或五进院落，平面规整，建筑对称，功能齐全。济南府学文庙也不例外。

文庙空间布局及建筑寓意

文庙是我国古代从中央到地方最典型也最普及的一种传统建筑类型。它既是祭祀儒家先哲先贤的场所，也是培育儒学人才的基地；既鲜明地体现着官方意志和文教礼治，又与儒家生徒的治学求学之路紧密相连。①除此之外，文庙还是褒奖与表彰的场所，是对本地乡贤和社会贤达的义举善行给予肯定和彰显的所在，以此影响地方风气，激励后人"见贤思齐"。简言之，祭祀、褒奖与教育教学，乃是文庙必备的三大功能。

① 邓凌雁：《空间与教化：文庙空间现象及其教育意蕴的生成》，载《河南大学学报（社会科学版）》2017年第5期。

文庙的首要功能是祭祀，舍此就无以称"庙"。但是，人们常常将祭祀功能与褒奖功能混为一谈，认为所祭之人即是所褒之人。文庙所祭之人是先圣先贤，所褒之人则是本地贤达。先圣先贤是全国统一规定的，本地贤达则由地方筛选而出，只能在当地文庙内进行褒奖，因而具有浓郁的地方色彩。

文庙的另一重要功能是教育教学，舍此就难以称"文"，也无以与曲阜孔庙相区别；甚至可以说，如果不进行教育教学，文庙也就没有必要在各地普遍设立了，即所谓"庙以尊圣贤，政教所之由出也；学以养士子，政教之所由行也"①。自唐代开始，文庙或学宫中就有以明伦堂为中心的教学区域。此后历代相沿，经过宋元时期的发展，到了明初，随着地方官学的兴盛，文庙中"学"的部分达到了完善的程度。清初，各地在原址基础之上对明代地方官学进行修补与重建，多数是在顺治和康熙年间进行的。此时清政府对于兴修文庙采取鼓励措施，明文规定凡是捐修文庙的官员，无论官职大小，可以议叙加级，因此文庙内的教学建筑也得到了重修与扩建。

功能来源于活动，也需要通过活动才能体现出来；功能则规定和指导活动，决定了哪些活动适宜举行，举行这些活动的意义何在。举行活动就要有空间，需要相应的场地、设施、设备、人员，由此构成了文庙的建筑规制、结构布局，给后人留下了不同的文庙历史遗存。总体而言，全国各地文庙的主体建筑是相似的，即文庙具备一些"标配"建筑才算是规制完备，如大成门、大成殿、泮池、棂星门、明伦堂等。

从文庙的建筑规制看，首先是祭祀场所、礼制建筑和其他配套场地。这类场所和建筑主要是大成殿、大成门、棂星门、照壁、宫墙、东西廊庑，还有更衣所、牺牲所等建筑。

① 万历《黄岩县志》卷二《皇明章恭毅公纶修学记》。

大成殿是主祭孔子和"四配""十哲"的所在，东西廊庑是从祀历代先贤先儒的地方，大成门、棂星门、照壁、宫墙是礼制建筑，更衣所、牺牲所则是人们举行祭祀时更换服装和准备祭品之类活动所必需的场所。

其次，文庙中的另一重要建筑群落是教育教学场所，其主要建筑是明伦堂、尊经阁、魁星阁、泮桥、泮池等。明伦堂是集读书、讲学、弘道、研究为一体的综合性教学空间，主要向生员灌输儒家伦理道德，强化君臣、父子、尊卑等人伦关系。此外，明伦堂是科举士子获取知识与智慧的神圣讲堂，诵诗、读书、问学、辩德皆在于此。

魁星阁是文庙中常见的教育建筑之一，之中供奉的是魁星神。魁星有两种说法，一是西魁，即古代天文学中二十八星宿中西方七星（白虎宫）之首，即奎星，俗称文曲星；二

济南府学文庙尊经阁（郑保国／摄）

是北魁，即北斗七星勺部第一颗（天枢星）或前四颗星的总称，是主宰天下文运的吉星。本来这是不同的两套系统，后来人们把两者合二为一，把主管文运、文章的事情赋予魁星神。魁星神的经典造型是鬼脸人身，一只脚立于鳌头之上，一只脚向后翘起踢斗（即魁字），一只手捧金印，另一只手执笔，如此造型寓意"才高八斗，独占鳌头"。在古代，文章写得好而被朝廷录用为大官的被称为文曲星下凡，又因魁字有"首"或"第一"的吉祥意义，故魁星也寓意"拔得头筹"。也因此，魁星阁常常作为张贴科举榜文之所，用以激励士子发奋苦读，有类于今日之"光荣榜发布处"或"杰出校友事迹展览馆"。

尊经阁是文庙中的藏书之所，类似于现代学校的图书馆，用以贮藏儒家重要经典，以供生员博览经籍，阅读研求。"尊经阁"一名自宋代开始使用，元代大量涌现，到了明代，"上自国学下至州县学，其育才之所皆匾以明伦，储书之阁皆名以尊经"①。尊经阁作为重要的藏书机构，其书本来源大致有三：一是朝廷颁赐，二是地方官府拨款购买，三是地方士绅的捐赠。另外，尊经阁虽然名曰"尊经"，但其所藏之书不仅仅是儒家经典，还包括朝廷的典章律令、子史百家，只是存放顺序上会有主次轻重之别。

泮桥、泮池以及苍柏共同构成文庙的教学活动空间。西周时，天子之学四周环水、中央筑起高地建堂称作"辟雍"，诸侯之学称作"泮宫"。泮池为泮宫之池，是古代官学的标志。泮池之水为活水，寓意生员不要故步自封，要日新又新。泮池之上有泮桥，也称"状元桥"，一般人进入文庙须绕池而行，唯有状元可从桥上通过。这不仅体现了等级差别，也有激励士子奋发向上之用。明清时期，州县考试的新

① 赵永翔：《尊经以明伦：明代儒学尊经阁的隐喻》，载《孔子研究》2015年第3期。

济南府学文庙明伦堂（图片来源：图虫创意）

进生员需要入文庙拜谒孔子，称为"入泮"或"游泮"。

再次，既然文庙是褒奖贤达之地，也就需要相关场所和建筑。这类建筑主要是名宦祠和乡贤祠。文庙所褒之人，一为名宦，二为乡贤。依照古制，仕于其地而惠泽于民、勋绩昭著者，是为名宦；生于其地而德行著闻、荣耀乡里者，即为乡贤。^①名宦、乡贤都是对地方具有垂范意义的社会贤达，他们大多起家于科举，扬名于官场，终老于乡里。

在中国古代，名宦与乡贤既是传统中国家族制度的支柱和杰出人物，也是官府与民间相联系的纽带。他们的卓越品行，对地方社会的风气和文化产生了极其重要的影响；他们对社会事务的担当，则弥补了官府管理上的缺陷和制度体系的不足。文庙对他们立祠褒奖，旨在激励生员立足自身特点，学习其道德，范型其文章，追踵其事迹，树立修齐治平的自信心和责任感，最终能够成圣成贤，进入东西廊庑，成为文庙未来的从祀人物。

① 赵克生：《明代地方庙学的乡贤祠与名宦祠》，载《中国社会科学院研究生院学报》2005年第1期。

前庙后学：济南府学文庙的空间布局

由上可见，文庙既不是仅仅举行祭孔活动的庙宇，也不是纯粹进行教育活动的学校，更不是专门进行褒奖活动的场所，而是祭祀、教育、褒奖三大功能的结合体，其建筑则是根据这些功能而设计，为其相关活动能够进行而布局的。简言之，没有祭祀不能称"庙"；没有教育不能称"学"，没有褒奖则不能称"文"或"教化之所"。三大功能相互观照，共同构成文庙建筑的空间布局。

在以上三大功能中，祭祀、教育又尤为人所重，故大成殿和明伦堂成为各地文庙中最重要的两大建筑，或可称为文庙建筑的双重核心。于是，有学者根据文庙建筑中大成殿的位置和明伦堂的位置，来区分庙与学的空间布局。[①]古人很早就有"崇左"的传统，所以"左庙右学"出现得较早且较为普遍，是文庙最早的建筑格局。"右庙左学"则是在南宋及之后流行起来的，表达了新的历史时代文庙建设者兴学育人的迫切和传续道统的热切之心。另外，"前庙后学"是"左庙右学"的一种变体，表达的依然是"庙"重于"学"的建筑思路，不过是受制于环境因素、难以横向排列双重核心而采取的一种变式。所以，我国最常见的文庙建筑格局主要是以上三种。[②]另外，还有极少地方采取的是"中庙左右学"的格局，即两学（府学、州学，或州学、县学）共用一庙。

从目前全国现存的文庙来看，有以下几种建筑布局：前庙后学、后庙前学、左庙右学、右庙左学、中庙左右学等。从这些不同的建筑布局，一方面可以看出对于祭祀和教育何者更为迫切的时代要求和文庙建设者的心理诉求，另一方面

① 彭蓉：《中国孔庙研究初探》，北京林业大学2008年博士学位论文，第69—71页。
② 邓凌雁：《空间与教化：文庙空间现象及其教育意蕴的生成》，载《河南大学学报（社会科学版）》2017年第5期。

也能发现，文庙虽然是依照曲阜孔庙而建的，但还是会结合当地的地形、风俗、文化等不同特色而有所不同。

济南府学文庙是我国现存一座重要的府级文庙。由于现存文庙是文物工作人员在原址的基础上按照历史记载复建重修的，所以跟古代文庙的建筑布局具有高度一致性。府学文庙原为一组庞大的建筑群，总长247米，宽64—66米，整个建筑群在一条中轴线上对称展开。笔者将济南府学文庙的建筑从南到北大致分成三个部分（或三组建筑）：第一部分包括影壁、南门（大门）、中规亭、中矩亭、棂星门、屏门、泮池和泮桥、钟英坊、毓秀坊、更衣所、牺牲所等；第二部分包括大成门、大成殿、东西廊庑、东西御碑亭等；第三部分是明伦堂、四斋和尊经阁等。由此可见，济南府学文庙功能齐全，其空间布局是传统的、典型的、常见的形式——前庙后学。

还应说明的是，虽然济南府学文庙总体方向是坐北朝南，但是并不像其他地方的文庙那样呈正南正北的方向，而是呈曲线状布局，这在我国现存文庙中比较少见，应该与文庙当初建设时的地理环境有关。

　　济南府学文庙作为府一级的地方官学，除了定期举行祭祀仪式以及褒奖地方贤达之外，另外一大重要功能就是教育教学。这是济南府学文庙自其诞生之日到清末一直具有的功能，也是文庙中经常进行的活动。如上所述，济南府学文庙总体上是前庙后学的结构布局，但三大功能区分得并非十分清晰，具体建筑方面则有错落、有交叉，还有些建筑是其所独有的。根据如上对"庙""学"与"文"（教化）的判别标准，可以对济南府学文庙现有的主体建筑进行划分。

"庙"之建筑

　　济南府学文庙的"庙"的建筑（由南至北）主要包括：影壁、大门、棂星门、屏门、大成门、东西廊庑、更衣所和牺牲所、大成殿。

影　壁

影壁又称照壁，古称萧墙，是传统建筑中用于遮挡视线的墙壁，一般长度不大，起遮蔽作用。影壁通常位于大门内或大门外，前者称为内影壁，后者称为外影壁。影壁的形状有一字形（即一段墙体）、八字形（即呈向外环抱状）等，由砖砌成，一般由座、身、顶三部分组成。较为简单的影壁未必具备这三部分，有些没有基座，有的无顶，最简单的只有墙身，有些墙身还没有外缘和壁心的分界。墙身的中心区域称为影壁心，通常由45度角斜放的方砖贴砌而成。一般影壁心没有装饰，但必须磨砖对缝非常整齐，豪华型的影壁心通常装饰有吉祥图样的砖雕。

济南府学文庙现存的影壁是从清朝流传下来的，呈一字形，座、身、顶三部分齐全，还有砖雕构成的影壁心，规制很高。《礼记·郊特牲》云："天子外屏，诸侯内屏，大夫以帘，士以帷。"该影壁位于济南府学大门外，属天子规制，可见对于孔子地位之尊崇。清末之后，该影壁在很长时间里被用作文庙的围墙，所以避免了被拆除的命运。原墙壁经过

济南府学文庙影壁（郑保国／摄）

岁月的冲刷，早已斑驳不堪。现在的影壁经过了粉刷复修，已经面貌一新，是文庙位置最南的一座建筑。

济南府学文庙的影壁位于大门之前，是为外影壁，长9.72米，高5.95米，厚0.94米。整面墙由砖砌成，顶部覆盖黄色琉璃瓦庑殿顶窄檐，东西两面为撞头，底座由青灰色磨砖装饰外部，稳重大气，庄重典雅。尤其在墙身的背面正中，有砖雕装饰的影壁心，更显示出影壁的较高档次。砖雕图案外呈圆形，内有圈线状树叶纹砖雕和长方形的砖匾，是大门的对景。砖匾的图案正中，嵌有钱币形的砖雕，为清代遗物，具有很高的文物价值与雕刻艺术价值。如此造型，不仅使影壁起到遮蔽的作用，还提示人们要以"外圆内方"的态度为人处世。

大 门

大门，即济南府学文庙的南大门，位于影壁之后。这是进入文庙的第一道门，也是文庙三进院落中第一进院落的正

济南府学文庙南门（郑保国／摄）

门。大门面阔三间，进深也是三间，由门墙、门洞、门扇、门顶等部分构成。这是文庙历经几百年流传下来的几座古建筑之一，墙壁上还依稀有"山东省立第二实验小学"的字样。今天的大门是被重新修葺过的，但形状、规格和结构一仍旧制。

文庙大门为三开间门洞，每间皆为双扇木门。木门覆以红漆，上面装有黄色金属门钉。根据古代礼仪规制，"九"为至高，唯皇家可以享用此数，故文庙每扇门上的门钉，纵七枚，横五枚。门顶为单檐歇山顶建筑，覆盖黄色的琉璃筒瓦，檐下斗拱，施绘彩画。大门正中悬一立式长方形匾额，上书"文庙"二字，蓝底金字，亦为重修后的作品，原字为苏东坡所题。

棂星门

棂星门是文庙中轴线上的牌楼式建筑，是所有文庙必须具备的礼制性建筑，济南府学文庙自然也不例外。棂星即灵

济南府学文庙棂星门

星，又称天田星，是古代二十八星宿之一，位于"龙宿"之左角，因角为天门，门形似窗棂，故称"棂星"。史料记载，汉代天田星为农神，主司人间农事，皇帝祭天祈年时须先祭之。后人以汉祠灵星祈谷，与孔庙无涉，又见门形如窗棂，遂改为棂星门。以后，棂星被人们解释为天镇星、文曲星、魁星。棂星门逐渐演变为文庙中祭祀性的建筑。

清代孔继汾在《阙里文献考》中认为："凡有坛墠而无宫室，则设棂星门，以为宏义取乎疏通也。圣庙亦设是者，所以尊夫子同天地也。"棂星门象征着在古代社会尊孔如尊天，寓意孔子是文曲星下凡，充分体现了中国古代社会对孔子的推崇。

各地文庙中以棂星门作为祭祀功能之标配始于明洪武十五年（1382年），济南府学文庙的棂星门则始建于明成化十三年（1477年），原门已毁坏，地基也无处寻觅。今天的棂星门是文物部门根据史料重建的，且移至外泮池南面。

新建棂星门仿曲阜孔庙样式，为火焰冲天式雕花石坊，四柱耸立，面阔三间，每间坊额上皆深雕有五组图案。石坊阔15.10米，深5.34米，高9.50米。柱间设红色栅栏门，四根圆石柱皆由整块极耐腐蚀的草白玉制成，顶雕怒目端坐的云、雨、风、雷四神，之下饰以祥云。特别一提的是，正中"棂星门"三字为清乾隆手书。"棂"繁体形式为"欞"。据说当年乾隆在写这个字时，可能想到孔子一生不信鬼神，故将繁体"欞"下之"巫"字去掉，成为匾额上的"櫺"字。

屏 门

屏门是济南府学文庙的第三道门，建于大泮池之北。严格地说，这只是一座礼制性牌坊，而不是真正的院落大门。

济南府学文庙屏门旧照（图片来源：济南市文物保护利用中心）　济南府学文庙"海岱文枢坊"

济南府学文庙有两座屏门，一座是三间四柱式建筑，坊顶三楼，规格较小，习称小屏门；一座位于建筑群中轴线上，规格很高，形制大气，叫作大屏门，亦称"海岱文枢坊"。"海"指渤海，"岱"指泰山，"海岱"泛指山东地区，"海岱文枢"即赞誉济南府学文庙是山东地区文化和教育之中心。这是一座五间六柱的牌楼式建筑。六根石制坊柱的前后各用斜柱支撑，柱础由石鼓夹抱，坊顶五楼，由明间向两侧呈三阶式错落，重昂单檐庑殿顶，覆盖黄色琉璃瓦，饰以吻兽，檐下云头斗拱承托，额枋上题有"海岱文枢"四字，并彩绘"旭日云鹤""金龙戏珠""西番莲"等图案。整个建筑庄重典雅，大气磅礴，既充分显示人们对儒家先贤的景仰，同时凸显济南府学文庙在山东海岱文化中的地位和影响。

　　与其他建筑相似，济南府学文庙的屏门也是明清时期建造的，后因战乱而年久失修，风光不再。1952年，牌坊的地上部分被迁建至大明湖公园南门处，成为一个具有地标特色的大门。2007年，工作人员参照有关历史资料，在明清原址上重建大屏门，规格式样一仍其旧，但因拆除了附近建筑，使其气势更加雄伟，身姿更显巍峨。[1]

① 尹玉涛：《千年文庙凤凰涅槃》，载《走向世界》2007年第14期。

济南府学文庙牺牲所

济南府学文庙更衣所

更衣所、牺牲所

文庙大屏门的东西两侧，分别是更衣所和牺牲所，是祭祀功能所必需的两处建筑。每年祭孔前，主祭官须在更衣所沐浴、更衣，斋宿三日，牺牲所则是祭孔大典上准备祭祀用品的地方。祭祀之前，文庙有严格的禁忌，即"每岁仲春秋上丁前二日，各衙门设斋戒牌，不饮酒，不食蒜薤，不吊丧问疾，不听乐，不理刑，不判署刑杀文字，不预秽恶事"。祭祀之时，则要有牲（牛、羊、猪）、羹（太羹、和羹）、四食（黍、稷、稻、粱），八笾（竹编器物中的八种干物供品，如干鱼、干枣、芡仁等）、八豆（容器中的八种濡物供品，如鱼醢、芹菹、笋菹等）等祭品。可见，文庙的祭祀仪式是十分庄严的，规定也非常严格。

更衣所和牺牲所的位置是完全对称的，更衣所在大屏门东北侧，西北侧是牺牲所；两处建筑规格亦完全一致，都是三开间房舍，进深两间，面阔10.48米，深6.49米，高6.29米，建筑面积68平方米，硬山顶，覆青瓦，前有檐廊，额枋彩绘，以明柱支撑。更衣所是济南府学文庙历经岁月沧桑而留存下来的为数不多的五座古建筑之一，于2006年进行落架维修。维修之后的建筑形制与原更衣所完全一致。牺牲所原建筑无存，目前的建筑是根据史料记载在与更衣所对称的地址上复建重修的。

大成门

大成门是通往大成殿的正门，是济南府学文庙的第四道门。与牌坊式的屏门不同，大成门是一座真正的院门，东西与廊庑相连，和北面的大成殿一起组成一个封闭的院落，构成济南府学文庙"前庙后学"的"前庙"部分，即祭祀活动的主体部分。

大成门又名"仪门"，旧称"戟门"，因两旁小耳房里曾设置以示威仪的"戟"而得名。"仪"是礼仪、仪表之意，意味着进入这道门的人，应该讲究礼仪规制，行为举止穿着要端庄得体。道光《济南府志》记载："庙门旧名戟门。宋太祖建隆年间诏用正一品礼，立十六戟于文宣王之庙内，徽宗大观四年诏用王者制，庙门增二十四戟，此戟门之名所由昉也。"[1]

大成门面阔五间，进深二间，明间平身科二攒，次间一

济南府学文庙大成门与小泮池

①〔清〕王赠芳等：《济南府志》，中华书局2013年版，第1241页。

攒，有45度斜出拱。大门左右阔19.24米，深9.84米，高10.2米，建筑面积189.32平方米，单檐歇山顶，上覆黄色琉璃筒瓦，正脊和叉脊上饰有吻兽和各种望兽，以厌胜祈福。顶下外檐均为五彩重昂斗拱，绘有"金龙戏珠""旭日云鹤"等彩画。其下三间朱漆木门，各有门扇一对。居中之门最宽，门额上悬"大成门"匾额，两边门框上悬挂今人编撰书写的对联。居中之门的两扇门上，各饰有7×7枚金色门钉。左右两门较窄，每扇门上各贯有7×5枚门钉。五间建筑均为砖石砌卷门，室内地面用方砖铺墁，台明用青石铺就。

大成门的左右两边分别建有一座掖门，东称"金声"，西称"玉振"，取古代奏乐全过程（以"金声"击钟起奏，以"玉振"击磬结束）之意，象征孔子思想集古圣先贤之大成。两门左右对称，形制相同，皆面阔5.76米，进深7.76米，高9.46米，单檐殿顶，建筑面积44.7平方米。为表示对孔子及文庙的尊崇，平时仅容许人们从两旁掖门出入。

大成门是济南府学文庙中建造时间最早的建筑之一，也是文庙历经岁月留存下来的一座珍贵建筑。此门建于北宋初，旧称"戟门"，崇宁三年（1104年）因大成殿而改称大成门，明成化十三年（1477年）重建大修。现门为2007年后在原址上恢复重修的。

东西廊庑

济南府学文庙的东西廊庑是位于大成殿前东西两侧的两排长长的房舍，因庑内房间相互贯通，不再隔开，形同房内长廊，故称廊庑，亦称两庑或东庑、西庑。廊庑用以供奉历代先贤先儒，从祀祭孔大典，是文庙祭祀建筑群的重要组成部分。东西两排庑房规格相同，门窗彼此相对，各由17间庑

济南府学文庙西庑先贤先儒像旧照
（图片来源：济南市文物保护利用中心）

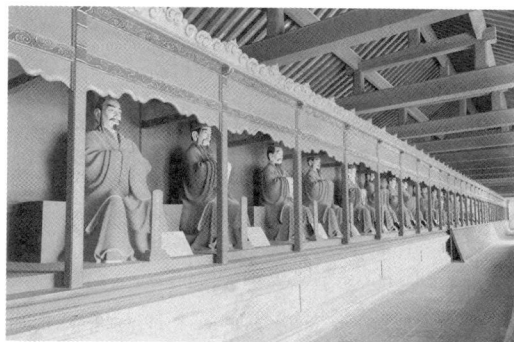

济南府学文庙廊庑内塑像

房组成，与大成门和大成殿围成封闭院落。每间庑房供奉先儒两位，共计68人，每人皆有塑像。这些先儒先贤皆品行高尚，贡献卓著，有的著书立说，有的注解经典，有的为捍卫儒家地位而不惜献身，都是值得入祀文庙的重要历史人物。由于各种原因，不同的朝代对两庑从祀者会有所增减，从祀者的位置也有变化，但大多数是后世公认的著名儒者。

作为文庙祭祀功能的重要建筑载体，济南府学文庙的东西廊庑在明代即已建造成形，成化、康熙年间和清末进行过数十次重修和大修，后因战乱而逐渐破败。原廊庑建筑于20世纪50年代，后失修坍塌。2006年文庙大修过程中，工程人员发现了其青砖铺就的基址，并据此重建。

大成殿

在济南府学文庙的整个建筑群中，最辉煌、最壮观、最高峻也最有特色的建筑无疑是大成殿了。这是各地文庙最重要的建筑，是祭祀活动的主要场所，也是所有文庙所以称"庙"的最重要标志。

"大成"是指孔子的思想集三代文化之大成，是对孔子

历史贡献的最高尊崇。依照古制，大成殿必须以不同的级别
（建筑尺寸、框架结构、用材标准等）建造。曲阜孔庙大成
殿的级别最高（如大殿采用重檐歇山式飞檐殿顶，殿前檐廊
以十根盘龙立柱支撑，规格至尊），府、州、县文庙的大成
殿规格都必须逐级递减，否则就属逾制。仅就建筑开间样式
而言，文庙大成殿就有四种规制：三开间、五开间、七开
间、九开间。济南府学文庙大成殿面阔九间，属最高规制，
是全国享此规制的三殿之一，建筑体量在全国位列第三（仅
次于曲阜孔庙和北京国子监孔庙）。虽然济南文庙仅属府学
一级，但这不算逾制，因为济南是孔子故里的首府，殿堂被
批准可以独具皇家开间之规格，以示皇家对儒家思想发源地
的重视。

　　济南府学文庙大成殿始建于宋代，是整个建筑群中建造
最早且留存至今的最重要的殿堂。这是目前济南市最大的单
体古建筑。大殿坐落于文庙最核心的位置，东西阔34.5米，
进深四间，南北深13.9米，通高13.86米，总建筑面积约480
平方米。单檐庑殿顶上覆盖黄琉璃筒瓦，木架为抬梁式结

济南府学文庙大成殿

构，柱有收分、侧角和升起，保留了宋代建筑的特点。檐下设斗拱，明间平身科两攒，其他间各一攒。斗拱和垫板绘有彩画。殿内采用减柱做法以增加空间，顶部设天花，标高不同，其中明间和次间的天花较低，梢间和尽间的则较高。殿周东、西、北三面围以檐墙，南面前檐居中各间均为六抹头菱花隔扇门，只有两端尽间为菱花窗。

大成殿正中原供奉孔子及"四配"塑像，顶部悬挂清帝题写匾额数块。2005年，一块清世宗雍正帝御笔"生民未有"残匾被发现。2005年9月，文庙大修工程启动后，文物工作人员仿照曲阜孔庙大成殿中清圣祖康熙帝亲笔，将"万世师表"匾额悬于大殿之中。2009年9月，一尊高2.72米的新塑孔子像正式完成，现已安放于大殿正中。[①]之后还将重新制作"四配"和"十二哲"塑像，并置于大殿正面和东西两侧。

大成殿原坐落在宽阔的月台之上。随着岁月变迁，殿体油漆剥蚀严重，门窗也已破损不堪，脊兽被毁，殿基也与地面齐平，不复从前气势。重修时，工程人员采用了"落架抬升"的方式，即将大殿全部拆除并仔细编号标记构件，抬高地基，重建月台，然后在原址上尽量使用略作修饰的原物原件。重建后的大成殿整体抬升了1.5米，重现大成殿当年的高峻与挺拔。

"学"之建筑

由上可见，在济南府学文庙的所有建筑群中，与祭祀活动相关的建筑占有极大的比重。当然，作为地方府一级的官学机构，除上述"庙"的建筑部分之外，文庙还有许多"学"的教育建筑，如魁星楼、明伦堂、尊经阁、泮池和泮

①《孔子像落户济南府学文庙》，载《孔孟之乡》2009年9月2日。

桥、学署教官宅、射圃、四斋等。由于各种原因，目前魁星楼、学署教官宅、射圃等暂未恢复重建，四斋也仅进行了简单修复。

明伦堂

在古代，大成殿与明伦堂是所有文庙中最重要的两大建筑，形态巍峨，气氛庄严。这不仅体现了文庙"庙学合一"的特征，其位置还是辨别学与庙布局的重要标志。明伦堂作为"学"的主体性建筑，是集读书、讲学、弘道、研究为一体的综合性教学空间。"明伦"即所谓明人伦，语出《孟子·滕文公上》，即申明各级学校的办学宗旨，让学习者学会做人做事的道理。明伦堂作为生员活动的主要场所，一般堂前置有一方卧碑，上刻御制卧碑文（学生守则），用以规范生员的日常活动，养成统治者所希望的品性与操守。在古代，因学校行政级别的不同，明伦堂的规格有三开间、五开间、七开间不等，级别最高的自然是京师国子监，为七开间建筑。

济南府学文庙明伦堂

济南府学文庙的明伦堂位于文庙建筑的中轴线上，最早建成于明成化十三年（1477年），面阔五间，阔20.3米，进深四间，深13.4米，高10.54米。该建筑是单檐殿顶、歇山式样，顶部覆盖黄色琉璃瓦，饰有各种望兽；檐下木质斗拱，施绘彩画；前有檐廊，以六根明柱支撑。明伦堂总建筑面积达270余平方米，规模与壮观程度仅次于大成殿。

明伦堂虽然与大成殿同为文庙最重要的建筑，但二者稍有不同。大成殿常常在祭祀活动时才最热闹，但祭祀并非每天都会举行。明伦堂则是生员每天举行活动的场所，因此利用率很高。在这里，生员除每天交流学习心得、进行学术讨论外，还时常邀请名儒硕彦来讲学。此外，明清时期，每月的朔望之日（农历初一和十五），在大成殿举行隆重的朝圣（即孔子）仪式后，学子们还会聚集在此，聆听训导师宣讲圣教和上谕，因此明伦堂也习称"宣讲所""宣教所"。

济南府学文庙明伦堂建于明代，虽在清代多次重修，但未能存留至今。20世纪50年代，明伦堂被拆除，用作学校校舍。现明伦堂于大成殿以北的原址上复建，除用于观赏外，也被辟为国学讲堂使用。为此，重修时内部采取了减柱设计的方法，以增加国学活动的空间。①

尊经阁

尊经阁，又称"藏书楼""藏经楼"，是文庙中与"学"相关的重要建筑，有类于大学的图书馆。不过，古代尊经阁更注重图书资料的收藏、保存，凸显的是"尊""藏"，而不是通常的借阅和借用。另外，尊经阁虽然名曰"尊经"，但其所藏之书包含各种书籍、典章、律令，当然最重要的还是儒家典籍。与其他重要建筑相似，尊经阁一般也位于文庙的

① 乔显佳：《济南修缮府学文庙明伦堂将成"国学讲堂"》，载《齐鲁晚报》2009年3月5日。

主轴线上，由此可见其尊。稍有不同的是，其他建筑一般为单层殿堂，尊经阁则为2—3层不等的阁楼式建筑，因而体型往往最高，由此可见其重。之所以如此设计，应该与它存放的物品之性质有关。因为书籍极易损坏，需要防潮、防火、防盗，所以要与地面有所隔离。

济南府学文庙的尊经阁是文庙内最高的建筑，位于中轴线的最北端，两层重檐歇山顶，黄色琉璃瓦覆盖。尊经阁分为两层，第一层面阔五间，进深四间，四周有回廊，以明柱支撑；第二层面阔三间，进深两间，绕以齐腰围栏。此阁初建于元延祐二年（1315年），明代有所修缮，后历经战乱而日益破旧，阁中曾藏有多通石碑，现已不存。至20世纪50年代，原尊经阁仅剩遗址。由于缺乏详细建筑资料，济南府学文庙维修工程指挥部于2008年起，对明代建筑的形制进行了专门研究。在此基础上，在原址稍偏南处进行了重建。建成之后的尊经阁厚重飘逸，庄重典雅，成为大明湖路旁重要的景观。

济南府学文庙尊经阁

泮池和泮桥

泮池，又称墨池、砚池、月牙池等，是古代地方官学院所之内的半月形水池。《礼记·王制》云："大学在郊，天子曰辟雍，诸侯曰頖宫。"依照西周旧制，天子之学四周环水，中央筑起高地，建成五所学舍，居中者称作"辟雍"，也可以此名统称五者；诸侯之学只能三面临水，附近高地建起学宫，因水池形如半璧，学宫临水而建，故亦称"泮宫"。泮池即泮宫之池，亦称泮水，是古代官学的标志性建筑。《诗经·泮水》有"思乐泮水，薄采其芹"的诗句，意即士子希望能有资格站在泮水之旁，采摘泮池中的水芹插在帽檐上作为装饰，以示身具文才。

因孔子被尊为"文宣王"，地位仅次于天子，所以建泮池也不为逾制。这样，泮池也就成为各地文庙建筑形制的重要组成部分。一般而言，泮池之水常常是活水引入的，这既表达儒家思想"孔泽流长"之意，也寓意生员要善于学习新

济南府学文庙大泮池与泮桥

知。明清时期规定，生员在进入府、州、县学正式学习之前，都要到文庙拜谒孔子，这种活动被称为"入泮"或"游泮"。依照礼制规定，泮池之上一般建有泮桥。一般人进入文庙须绕池而行，唯有状元才可从桥上通过，因此泮桥也称"状元桥"。泮池和泮桥成为各地文庙教育性、象征性的标配建筑。

济南府学文庙与众不同之处，在于建有两处泮池，这在全国文庙中是独一无二的。外泮池位于棂星门之北数米，略呈半圆形，弧面朝南，北岸弦长37.4米，周围环绕着白石质地的望板和望柱，亦称大泮池；内泮池位于屏门之内、大成殿之前，因池面较小，故称小泮池。两处泮池之中皆建有泮桥。其中，大泮池正中部跨越南北的泮桥为青石板拱桥，长19米，宽2.88米，共五孔，正中桥孔最大，两边孔径对称递减。根据地面考古发掘状况，专家推测，泮池和泮桥最晚于明代即已建造。今天的双泮池和泮桥皆为2008年之后所修。

四 斋

四斋是济南府学文庙内供生员活动的四个斋室，位于明伦堂两侧，亦为文庙中与"学"相关的建筑。居于东侧的是"据德""志道"两斋，西侧是"游艺""依仁"两斋。四斋

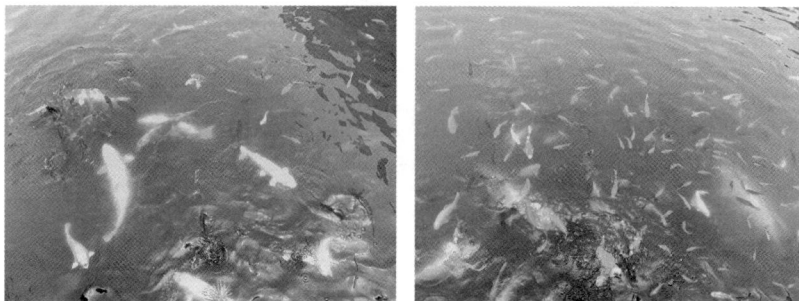

济南府学文庙泮池中的鱼儿

济南府学文庙游艺斋内景

济南府学文庙志道斋外景

面积皆不大。其中，"游艺"斋面阔9米，进深6.67米，高5.80米，建筑面积60.03平方米；其余三斋皆面阔10.20米，进深6.67米，高5.80米，建筑面积均为68.03平方米。四斋皆为近年所重修。

斋室是古代学子自修读书的地方，斋名对学子会有潜移默化的影响。因此，古人对斋室之名极为重视。如宋初胡瑗在主持地方官学时，就曾将官学分为"经义""治事"两斋；清初颜元主持漳南书院时，更将书院分成"文事""武备""帖括""艺能"等六斋。济南府学文庙的四斋之名语出《论语·述而》，就是希望那些寒窗苦读的学子树立远大的人生志向，具有高尚的道德品质，继承孔子"仁"的思想学说，具备各项技艺技能。这充分体现了古人注重德行兼备、才艺双修的特色，具有深厚悠久的文化内涵。

"褒奖"之建筑

文庙是褒奖贤达之地，是对本地乡贤和社会贤达的义举善行给予肯定和彰显的所在，这就需要相关场所和建筑。这类建筑主要是名宦祠和乡贤祠。明洪武四年（1371年），始诏天下学校各建先贤祠。左祀贤牧守令，右祀乡贤。清雍正元年（1723年），令古今圣贤、忠臣、烈士、名宦、乡贤载在祀典者，有司岁时致祭。济南府学文庙也不例外。另外，资料表明，济南府学文庙还建有文昌祠、节孝祠等。这些建筑合在一起，传达出浓浓的褒奖、激励色彩，影响地方风气，教化一方百姓。

根据史料记载，明成化十九年（1483年），济南知府蔡晟率人建起乡贤祠，用于褒祀济南府德才兼备的贤人。这是济南府学文庙行褒奖功能之始。另据道光《济南府志》记载，济南府学乡贤祠与名宦祠位于圣庙巷西，为共祠异室，共用一座建筑。其中，乡贤祠祭祀汉故秦博士伏生、汉博士张生、少府太子太傅林尊、江都相董仲舒、大司农高诩，唐太子太傅知门下省事梁国公房玄龄、中书令蒋国公高季辅、灵州都督李君球、弘文馆学士平原郡公员半千、义成节度府判官郭昈、户部侍郎张揆、密州通判刘庭式，礼部员外郎提点京东刑狱李格非、龙图阁待制知江陵府赠少师辛弃疾等乡贤，尽皆从祀文庙。而名宦祠则祭祀汉平原太守萧望之、平陵令刘宠、泰山太守李固、齐丞相曹参、青州刺史隽不疑、渤海太守龚遂、平原文学匡衡、莱芜长范丹、泰山太守皇甫规、应劭、晋平原内史陆机、唐平原太守颜真卿、淄州刺史李邕、宋河北宣抚使文彦博、通判德州唐介、知齐州事曾巩、晁补之、范纯仁、齐州掌书记苏辙，签书齐州判官游酢、济南教授李若水、知济南府事张叔夜[①]等，亦皆从祀文庙，受到后人的崇敬。

遗憾的是，今天济南府学文庙并未重建这一充满寓意的

① ［清］王赠芳等修，成瓘等纂，济南市史志办公室整理：《济南府志上·卷十八·祠祀》，中华书局2013年版，第442—443页。

历史文化建筑。文庙远景规划表明，待条件成熟后，将在文庙以北重建节孝祠、文昌阁、启圣祠等建筑；在文庙西侧，则将陆续拆迁现有市政建筑，复建名宦祠与乡贤祠，形成平行于文庙主轴的西路布局。[①]可以预计，扩建后的济南府学文庙，将以更加鲜明的历史文化色彩展示在人们面前。

济南府学文庙的其他建筑

济南拥有其他城市少有的地貌特征和自然条件，最突出的就是地下水资源丰富，素有"泉城"之称，济南府学文庙因此有了与其他地方文庙不同的建筑特色。例如，双泮池与泮桥，就是府学文庙依托丰富的水资源而建成的独有景观。其他一些建筑，例如依水而建的飞跃亭、环碧亭等，亦为文庙增添了曲水流觞的韵致。又如，其他地方文庙的泮池虽然有水，但大多是自身循环、不能内外流动的死水。济南府学文庙因为与济南城水系相通，泮池里流动的则是源头活水。

① 济南市建委：《府学文庙修缮确定拆迁范围》，载《齐鲁晚报》2009年1月20日。

济南府学文庙与泉水相依（郑保国／摄）

泉水由南面的芙蓉街流入，经过明渠暗道进入文庙，再经飞跃亭之水池流入泮池，出泮池向西北经西廊庑后墙外，绕至尊经阁前水池，转向东经百花洲流入曲水亭，再汇入大明湖。此等巧妙的设计，使水流像玉带一样穿绕一周，为文庙平添了灵动的气息，因此该河美称"玉带河"。可以说，建筑与水系相映成趣，人工与自然巧妙结合，是济南府学文庙最引人入胜的景观特色。

以下部分大致依照由南至北的顺序，对难以归入以上三类的济南府学文庙的其他建筑略作介绍和说明。

中规亭、中矩亭

中规亭和中矩亭皆为济南府学文庙之内的建筑小品。两亭位于棂星门以北，大泮池以南，于文庙建筑中轴线两侧对称而立。两亭皆黄琉璃瓦攒尖顶，皆为立柱式建筑，体量相似。不同的是，中规亭呈圆形，中矩亭呈方形，取"圆者中规，方者中矩"①之义，以此提醒学子和其他入庙拜谒者，做人和求学都要中规中矩，方圆结合，即所谓"不以规矩，无

① 《周礼·考工记·舆人》。

济南府学文庙中规亭

济南府学文庙中矩亭

以成方圆"。两亭皆具有浓郁的劝诫色彩，反映出建设者的匠心。

史料记载，两亭皆始建于明万历二十八年（1600年）。建成后年久失修，亭体坍塌，仅残存遗址。现两亭皆为2005年后文庙大修时在原址上重修复建的。在全国各地文庙中，建造中规亭和中矩亭，是济南府学文庙的独有特点。

钟英坊、毓秀坊

在济南府学文庙内，除中轴线上的棂星门之外，还有两座颇有特色的牌坊式建筑——钟英坊和毓秀坊。两坊皆坐落于大泮池以北，大成门以南，于建筑中轴线两侧遥相对应，钟英坊在东，毓秀坊在西。两坊形制相同，皆面阔7.72米，进深3.74米，高7.50米，均为四柱三间三楼庑殿顶式牌坊，覆黄琉璃瓦，施有彩画，十分精美。钟是凝聚、集中的意思，毓是养育的意思。钟英、毓秀寓意文庙凝聚天地灵气，孕育优秀人才，寄寓济南府人杰地灵的美好愿望。

史料表明，两座牌坊皆始建于明成化十九年（1483年），

钟英坊

毓秀坊

济南府学文庙东御碑亭　　　　　　　　济南府学文庙西御碑亭

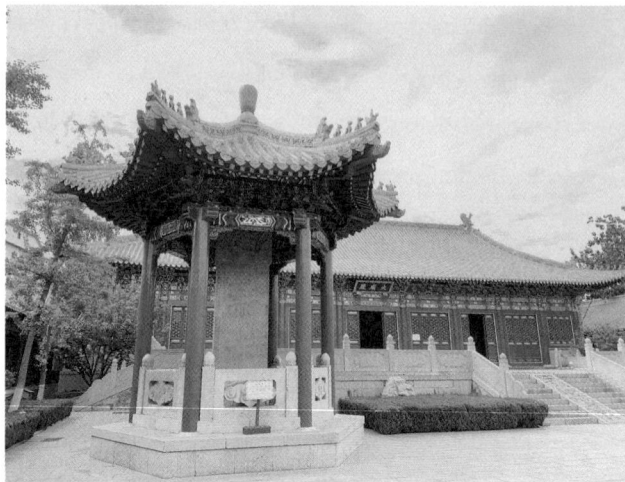

由济南知府蔡晟率人修建。今天的这两座牌坊是2005年之后根据史料记载重建的。2007年底，文物修复人员在维修文庙过程中发掘出两座牌坊的遗址，而且探明其局部延伸至原大明湖路小学的围墙之外，从而印证了古代济南府学文庙的规模。

东西御碑亭

在府学文庙大成殿之南，月台前东西两侧，各有御碑亭一座，形制相同，皆为六角攒尖，六柱支撑，黄琉璃瓦覆顶，高7.92米，是用来放置御制石碑的建筑。东御碑为《孔子赞并序碑》，仅存残块及残碑首，刻有皇帝行踪以及赞扬孔子的文字，还有记载文庙修建、祭祀等重大活动的文献。据乾隆《历城县志》记载，东御碑亭建于康熙二十五年（1686年），西御碑亭建于康熙二十八年（1689年）。该建筑是2006年经考古发掘遗址后，参照相关考古资料在原址上复原出来的。①

①《济南府学文庙御碑亭遗址现身》，载"新华网"2006年7月28日。

月台（佾台）

月台是文庙大成殿前的露台，三面建有石质围栏，皆有台阶供人上下，唯正面台阶最宽。月台地面平整，面积很大，是古代祭孔典礼上举行献祭和乐舞等仪式的地方，又称"佾台"。月台有两种形制：一种是双层月台，建有两层围栏，高度可达2米以上，宏伟壮丽，属于皇宫形制，地方上仅曲阜孔庙可享此特权；另一种是单层月台，为地方府、州、县文庙所允建。两种月台只是规模和形制不同，在文庙的祭祀活动中都发挥着同样的作用。从清代至民国时期，每年的农历八月和二月，即孔子的诞辰月和祭月，大成殿前的月台上都要举行隆重的祭奠仪式。

济南府学文庙的月台为单层月台，与大成殿同时建于宋代，是文庙中最古老的土方建筑。虽然后代对月台屡次重修，但主要是平整台面，整修围栏，更换破损建材。历经千

济南府学文庙月台

年风吹雨打，尤其由于周边建筑基址不断加高，月台已与附近地面基本齐平，难以呈现恢宏庄严的气势了。所以，趁文庙大成殿重修之机，工程人员清理地面，重建月台，将其整体抬升了1.5米，使整个大殿看上去更加巍峨壮观。

从上述考察和展示不难发现，在漫长的历史发展过程中，济南府学文庙融三大功能于一体，逐渐形成了区别于其他庙宇的建筑形制和空间布局。事实上，文庙建筑早已不限于实用一途，更多地凸显出其符号价值和象征意义，其建筑布局、样式、形制乃至名称都折射出深厚的儒家文化底蕴。文庙中每一处建筑都有来历有典故，充满了文化内涵和教化价值，充分体现出古人借物抒情、喻教、阐理、导行的智慧和艺术。

济南府学文庙的碑刻与匾额

文庙中除房舍、庙宇、牌坊等主体建筑以外，还有大量的碑刻与匾额。它们集文学、书法、雕刻艺术于一身，形成了独特的碑刻文化与匾额文化。这既充分显示出历代对儒家文化的尊崇和重视，也使文庙的内涵更加丰富，不能不对此加以研究。

　　碑刻和匾额作为传统文化的重要载体，在我国数量众多，分布广泛，不独文庙一地有。但文庙作为"斯文在兹"的场所，乃是碑刻和匾额的集中之地。这些碑刻和匾额不仅内容丰富，而且各具地方特色。济南府学文庙的碑刻与匾额对于文庙研究具有重要的价值。

济南府学文庙的
碑刻

我国有着悠久的碑刻历史。碑作为一种记事形式的刻石，其材料具有耐久耐磨、难以搬运、雕刻困难等特点，赋予了碑刻文化庄重严肃、永垂不朽的属性，从而使得碑刻不仅具有记录、传播信息的基础功能，还具有对权力、地位、荣誉、尊严等社会概念的象征作用。

文庙碑刻属于我国众多碑刻类型的一种，是珍贵的历史遗存。济南府学文庙的碑刻存量不少，其内容大多跟尊孔崇儒相关，透露出丰富的文化内涵，因而应该成为该文庙研究的关注重点。

碑刻与碑刻文化

我国碑刻数量巨大，种类繁多，形制多样，名称复杂，既是我国历史悠久的重要物证，也是文化灿烂的突出表现。要研究碑刻及其文化，首先就必须对碑与碑刻的定义、种类做出说明。

碑与碑刻

碑是人们日常生活中经常见到的一种物品，其定义似乎不言自明，但细究起来并非如此。对于"碑"的定义，至今学术界没有一个较为权威的、被普遍接受的答案。《说文解字》曰："碑，竖石也。"[①]这一定义倒是非常简洁，但问题是，碑是把石头竖起来还是竖起来的石头呢？而且，竖起来的石头就一定叫碑吗？清代段玉裁进一步注解说："秦人但曰刻石，不曰碑；后此凡刻石，皆曰碑矣……凡刻石必先立石，故知竖石者，碑之本义。"这一解释不再泛指竖起的石头，而是与镌刻联系起来，更接近碑的通常意义。现在学术界对碑的定义比古代更为丰富，如《现代汉语词典》对"碑"的解释是"刻着文字或图画，竖立起来作为纪念物或标记的石头"[②]。这一解释虽然简要，但能够着眼于"碑"的三个要件，即刻字（画）、标记（纪念物）、竖石，故而显得较为全面。《辞海》则解释说："古时宫、庙门前用以识日影及拴牲口的竖石；石上镌刻文字，作为纪念物或标记，亦用以刻文告。"[③]《辞海》的这一解释除较为全面外，还着眼于"碑"的历史流变，因而更加规范。

然而，"碑"究竟为何物并非如此简单。第一，绘有画作的石头、摩崖、碣石、不规则刻石等是否属于碑的范畴，目前还见仁见智；第二，碑最早并不一定就是石头，而且从历史上看，后世也有并非石质的碑。事实上，"碑"在春秋时期已经存在，只不过其性质和功能不同于后世。第一，碑是时间的测度工具。《仪礼·聘礼》记载："东面北上，上当碑南陈。"郑玄解释说："宫必有碑，所以识日景（影），引阴阳也。"也就是说，碑竖立在宫廷院落之内，是以测量太阳的影子来推算时间的工具。第二，碑是拴牲畜的固定物。《礼

① [汉] 许慎：《说文解字》，中华书局1963年版，第194页。
② 中国社会科学院语言研究所词典编辑室编：《现代汉语词典》（第7版），商务印书馆1996年版，第54页。
③ 夏征农、陈至立主编：《辞海》（第六版 彩图本），上海辞书出版社1989年版，第0113页。

记·祭义》记载："祭之日，君牵牲，……既入庙门，丽于碑。"郑玄注解说："丽，犹系也。"就是说，碑也被用于祭祀场合，用来系绑作为牺牲用品的牲畜。第三，碑是墓穴四角用作牵引的工具。《礼记·檀弓下》记载："公室视丰碑，三家视桓楹。"郑玄注释说："丰碑，斫大木为之，形如石碑；于椁前后四角竖之，穿中，于间为鹿卢……"即碑被用来牵引绳索，将棺椁下放到墓穴中。上述这些最早的"碑"，都不一定是石头，而是竖立起来的木头。另外，在长达两千多年的历史长河中，也出现了一些其他材质的碑。如20世纪80年代，在内蒙古赤峰发现了回鹘文的瓷制墓碑；再如，明神宗时期的《泰山天仙金阙》、明熹宗时期的《泰山灵佑宫》等皆为铜制碑，至今光可鉴人。当然，以石头作为镌刻材料的碑，无疑最为常见。所以，针对这种乱象，有学者直接给出了最简单的定义，谓"凡刻石之文皆谓之碑"（语出叶昌炽《语石》）。

因为最早的碑之一是墓穴四角上用以牵引棺椁的工具，所以，在我国早期的很多墓碑上，还留有牵引所凿的"碑穿"（碑体上方或中间的孔洞）。此后，碑不仅以石质为主，而且具有了固定的样式，一般由碑座、碑首、碑身三部分组成。碑座又叫碑趺。早期的碑趺一般是长方形巨石，仅仅起到固定碑身的作用，汉代开始在上面雕刻苍龙、白虎、朱雀、玄武等图案，到南北朝时期，"龟趺"开始出现。驮碑的龟被称为赑屃，俗称霸下，相传为龙九子之一，好负重。这种碑趺极具稳定厚重之感，寄寓了人们流芳百世、永垂不朽的希望。

碑首是碑最上端不刻文字的部分，又叫碑额，历朝历代有各自流行的形状和样式。汉代是碑刻发展的初级阶段，碑

济南府学文庙中的赑屃

首形状较为简单，大多为尖形（又称圭首）、半圆形（又称晕首）和方形。方首的叫碑，其余的叫碣（又分为圆首的普通碣和尖首的笏头碣）。随着对碑刻艺术性要求的不断提高，模仿勒痕的碑晕逐渐被龙、虎、雀等其他纹样取代，晕首转变为直接在碑首上雕刻纹饰，圭首则是将尖状突起包含于半圆形纹饰之内，这就逐渐形成了螭首。螭作为龙的一种，代表皇权的神圣地位，用在碑刻中显得格外郑重。

济南府学文庙碑首

碑身，也就是镌刻碑文的主体部分，多为扁长体，正面为碑阳，反面为碑阴，左右两面为碑侧。碑阳一般镌刻文字，碑侧刻有与碑文相呼应和补充的图画。有些在碑阴和碑侧上刻有精致的花纹和图案，有的刻有神兽、云纹或双波纹，有的则刻上凤凰、舞人、狮子、骑士等异域风情浓厚的形象。随着时代的发展，除了碑身雕刻不断追求艺术性之外，其形状也不再仅限于长方形，出现了许多变体。如北魏时期的《宕昌公晖福寺碑》的碑身上部方形，下部呈弧形向内收缩，形状相当别致；北魏时期的《元显俊墓志铭》和唐

济南府学文庙中的石碑（郑保国／摄）

济南府学文庙研究

北宋建于曲阜的"无字碑"

贞观时期的《李寿墓志》，碑身呈现出完整、逼真的龟形。[①] 凡此种种，体现了我国古人丰沛的文学想象力和艺术创造力。

与碑身关系密切的是碑刻，即在碑身上雕刻文字或图画，用于表达、传承某种特定的信息和意义。亦有不着一字一图者，形态特殊，也能传达某些特殊的意义，称为"无字碑"。碑刻作为我国古老而独特的艺术形式，受到多个领域研究者的广泛关注。从南朝梁元帝萧绎命儒臣编纂我国历史上第一部碑刻专著《碑英》以来，碑刻研究之作早已汗牛充栋。这些研究大致可以分为文字学、美学、历史学三个大类，即大多是由文字与内容两个角度对碑刻展开研究。当代学者毛远明将碑刻的内容、形制作为主要标准，同时参考镌刻的用途对碑刻进行了分类，分为碑碣、石阙、摩崖、墓碑以及石刻的画像、题字和器物附刻等，总之形制复杂，内容多样。[②]

碑刻文化

所谓碑刻文化，就是由碑的取材、形状、形制，以及碑刻的内容、用途等所反映出来的思想、观念，以及借此所要传达的意义、愿望等。我国碑刻不仅历史悠久，内容也极其丰富，涉及社会生活的各个方面：有记录事件的，有褒奖人物的，有刻录文学作品的，有为故人歌功颂德的，还有各种各样的题名、题记等。总之，我国碑刻文化可称丰富多彩，洋洋大观。

志颂碑刻为碑刻文化中最常见的一种，即借碑刻志其事、颂其功、称其名，是表彰著名人物的勒石之作。历史上有重要影响的人物，如帝王、勋爵、名臣等，往往会有人撰文对其事迹给予礼赞和歌颂，将这些文字刻在碑上，便形成

① [清] 沈廷芳裁定，胡德琳总修，李文藻等纂辑：《历城县志·卷第二十五·金石考三》（影印本），乾隆三十八年新修。
② 毛远明：《碑刻文献学通论》，中华书局2009年版，第28页。

了志颂碑刻。其基本内容是对历史大事涉及的重要人物进行颂扬和赞美，使之扬名当代，流传后世。

记事碑刻是记录各种历史事件的碑刻，有的记个人事业，有的载他人美德，有的录国家之事。大者如征战、典礼、奉祀、民族联姻、人口迁移、国家交往，较小者如建祠兴学、修桥补路、治水开渠、修庙立寺、造田筑城、镌刻经典等，古人常常勒石立碑，撰文以记。这类碑刻具有较高的史料价值和研究价值，目前大量保存于各地文庙之中。如东汉永寿二年（156年）的《鲁相韩敕造孔庙礼器碑》是鲁相韩敕建立的，如今立在曲阜石刻陈列馆内，记述了韩敕修饬孔庙、置办各种礼器、祭祀孔子的事迹。古代修建学宫、学舍是文化盛事，所以经常通过刻碑来记录，从而产生了大量的兴学记事碑。这类碑刻可以专题收录，用来考证古代学宫建设、官学制度、兴学风气，是教育史研究的一项重要资料来源。

另外，在我国，人们一般在祠庙、寺观内雕刻石像或塑造泥像，还要镌刻铭文，或立石为碑，或刻于壁上。由此，祠庙、寺观也就成了碑刻的主要集中地。偶像崇拜是人类共有的精神特征，"不同民族于不同时期按照自己对宇宙、人类、现世社会、幽冥世界的不同理解，在意识领域创造出许多神灵，并在精神依赖的心理状态下，对幻化生造出来的神灵顶礼膜拜"[1]。人们刻字立碑，一方面是为了记事和礼赞，以此表示虔敬；另一方面是为了使兴庙之事能够留存下来，被后人铭记。

我国有祭天、祭祖的传统，封坛、建祠、立庙都是极其神圣的事情。历代帝王都要祭天神、祀后土，并给这些活动提供专门场所，修造专门建筑。对于历史上的贤君名臣、忠

曲阜孔庙的明代御碑

---

[1] 毛远明：《碑刻文献学通论》，中华书局2009年版，第208页。

勇之士，也要建祠祭祀。由此便产生了许多神祠、神庙，留下了很多祭赞碑刻。这类碑刻大量产生于汉代，以曲阜孔庙存量为最多。

目前，留存于各地文庙中的还有很多科举题名碑刻。科举考试是传统社会政治生活的一件大事。将中第者的名字镌刻在石碑上，以示宣传和鼓励。将此种碑刻置于文庙之中，既是文庙的应有之举，也能对士子起到导向作用，所以科举题名碑刻在文庙中甚为常见。此类碑刻始于唐代，一直延续到清代。有最高级别的《进士题名碑》，如浙江省绍兴市北宋大中祥符（1008—1016）至南宋咸淳年间（1265—1274）的三通碑，安徽省滁州市南宋绍兴十八年（1148年）碑刻，湖南省洪江市南宋宝祐二年（1254年）所刻碑，西安市金兴定时期（1217—1222）的题名碑，北京市从元朝到清朝的历代《进士题名碑》，等等。北京安定门内成贤街孔庙保存有元、明、清《进士题名碑》198通，是保存《进士题名碑》最多的地方。还有较低级别的《乡试题名碑》，如济南市有《乡试题名碑》二通，一是元至正十年（1350年）刻，一为至正二十二年（1362年）刻。①

济南府学文庙与碑刻文化

当然，济南府学文庙作为府一级的地方高级别文庙，碑刻数量也不在少数。据统计，到20世纪50年代为止，济南府学文庙内尚存有明清碑碣27通，其中有同治年间（1862—1874）的《重修府学文庙碑》，还有道光年间（1821—1850）的《济南府学文庙教授训导为禁约事碑》，可称是文庙中的"学生守则"。②在劫后余生的石碑中，最有名的是《宣圣遗像

① [清] 沈廷芳裁定，胡德琳总修，李文藻等纂辑：《历城县志·卷第二十三·金石考一》（影印本），乾隆三十八年新修。
② 杨润勤：《文庙"流"宝知多少 风雨飘摇呼"救命"》，载《大众日报》2003年7月6日。

碑》，即镌刻孔子画像的碑。此碑于1989年5月在济南府学文庙大修过程中被发现，出土时碑身已断为两截。经考证，此画像碑系明嘉靖年间（1522—1566）重修文庙时，立于大成殿中的孔子画像。此碑由碑身和碑座组成。碑身高215厘米，宽95厘米，厚34厘米；碑座高60厘米，宽150厘米，厚80厘米。[①]碑额刻小篆体"宣圣遗像"四个字，碑题是"吴维岳摹吴道子笔宣圣像"，碑身的正中间阴刻着孔子行教的图像，碑刻右中部下侧刻有以隶书体书写的"吴道子笔"，以石刻的方式保留和再现了唐代大画家的艺术瑰宝。这块碑原立于府学文庙大成殿附近，如今存放于济南市博物馆。

2005年济南府学文庙开始大修后，一个偶然的机会，维修人员发掘出几段碎碑残块，经仔细拼接、修复和辨认，确定是一块《太和元气碑》，赞扬孔子的思想和主张如同宇宙之气一样永恒长存。此碑长约3米，高约1.5米，横刻，字径二尺，"气"字已模糊难辨，左右两侧尚存石榫。此物应该与曲阜孔庙的石质牌坊相似，是"太和元气"坊的横额。除曲

济南府学文庙明代《太和元气碑》

① 赵鸿芳、颜咏梅：《济南府学文庙的"宣圣遗像"碑》，载《文物存珍》2006年第4期。

济南府学文庙中的碑刻

东御碑亭及碑刻

阜孔庙外，地方文庙有"太和元气"牌坊建制的极少，如云南建水文庙。经严格对比和考证，济南府学文庙与曲阜孔庙的两块"太和元气"碑字体完全一致，均为明嘉靖年间巡抚副都御史曾铣所书，但济南牌坊的书写时间比曲阜孔庙的早一个月。目前，此碑立于府学文庙的中规亭之侧。另外，府学文庙中还有一方被称为"龙门石碑"的碑刻，立于清雍正七年（1729年），距今已有近三百年的历史。碑上刻有"龙门"二字，系根据府学教授李大受之拓文所刻，置之文庙，有激励学子"鱼跃龙门"之意。该碑亦为济南府学文庙碑刻的亮点之一。

除上述著名碑刻外，济南府学文庙内还建造了存放碑刻的专门建筑——御碑亭。在济南府学文庙千年大修时，考古人员在修复工程现场地下发现了两处御碑亭的遗址，分别位于大成殿两侧月台之前，左右对称，今已在原址上复建。此外，考古人员还发现了康熙年间的残碑，上面记载了当时修复府学文庙的经过、人员等详情及对孔子和儒家思想的礼赞。

济南府学文庙还有一种碑刻，俗称"下马碑"，置于大门之外，碑体不大，是严禁拜谒人员骑马入庙的警示标志。在全国各地文庙，立下马碑乃是一种规制，只是因文庙的规格和级别的不同，下马碑大小也有不同，一般上书"大小官员至此下马"或"一应文武大小官员至此下马"。礼制要求所有人员必须步行进入，还要端正衣冠、神色肃穆地行祭拜之礼，充分体现了孔子地位之高以及统治者对儒家学说的尊崇。

碑刻及其文化在文庙研究中的价值

由上可见，文庙碑刻作为我国众多碑刻的一种，内容大都与尊孔祭祀和教育教学有关。由于曲阜孔庙的特殊地位，其碑刻不论从规制、级别还是碑体尺寸方面在全国都是首屈一指的，保存了自汉代以来的碑刻1044通，与西安碑林并称我国东、西两大"碑林"。尤其是曲阜孔庙中保存的汉碑和汉画石像，不仅数量最多，而且很多在全国属孤例，极其珍贵。全国各地的各级文庙，既可称古建筑群，也可称古碑刻群。建筑与碑刻交相辉映，共同构筑成文庙古色古香的传统文化群落。因此，要研究文庙，深刻揭示其文化与历史内涵，就不能仅仅依靠纸质文献，也不能仅仅着眼于其建筑风貌，而是要重视碑刻这种独特而珍贵的史料。

补史证史：碑刻的文庙资料价值

碑刻作为出土文献，具有不同于纸质传世文献的独特功能。因为碑刻记事大多是就当地的事迹镌刻而成，一经竖立便成"不刊之论"，如无人为破坏就可传之千年，相比纸质文献记述更为确切、可靠和真实。正因如此，碑刻不仅成为我国古代文化文明的重要载体，也是研究历史和补证纸质文献的珍贵资料。事实上，学术界早已认识到，必须利用出土文献去印证、弥补传世文献，也要利用传世典籍解读出土文献，此即王国维先生百年前所倡导的"二重证据法"。从文庙碑刻的内容来看，它们所起到的最重要的作用就是纪念和标志，是一种以忆圣贤、颂功德、纪政事为主的史料载体。后世可以据此知道关于文庙的更多信息，例如文庙的始建年代和建造意图，文庙何时经过了何等程度的重修复建，文庙具有怎样的规模和构成，谁来文庙参与过祭祀典礼，等等。如图所显示的明代碑刻，就记载了明代钦差官员巡抚山东等地时的巡查情形与地方都察院整修济南府学文庙的大致经

济南府学文庙的明代碑刻

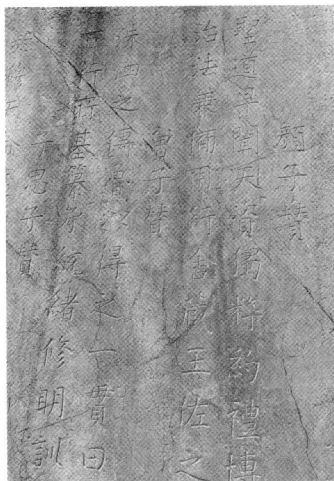

济南府学文庙《颜子赞》   《重修济南府学文庙碑记》

过。虽然历经数百年风雨剥蚀，该碑刻上的文字大部分仍清晰可辨。这样的碑刻内容，无疑为今人勾勒出了一幅文庙活动的真实图景。虽然历史离我们远去，但碑刻上的内容却在无声地诉说那一段段过往的故事。

文庙碑刻与文庙的创始和兴衰息息相关，例如文庙的修建记录、诗文题记、中第题名等，都足以反映出文庙史上的具体情况，为研究当时世风学风提供珍贵的史料。将这些内容与现存实物和建筑构造相验证，不仅为考证建筑年代提供了证据，而且为认识建筑的艺术、历史和科学价值提供了依据。

与甲骨文、金文、简帛、敦煌写卷等出土文献在内容、形式和性质方面较为单一不同的是，我国存世碑刻形式多样，如墓碑、赞颂碑、祠庙碑、墓志铭、造像记等，内容涉及社会生活的各个方面，包括政治、经济、军事、历代职官、古代地理、民族同化、人口迁移、典章制度、风俗习惯、道德观念、天文历法等领域。研究者完全可以根据需要，从不同的学科分支、不同的角度切入，进行断代、专题等研究。

美轮美奂：碑刻的文庙艺术价值

石碑除了具有记事记人的功用之外，历代的文人墨客在石刻上题写诗文，以此抒发内心情感，展现书法魅力。目前我国现存的碑刻留下了历代书法家的不少真迹。

在书法艺术的发展中，观摩、临摹、研究前代名家之笔成了重要的内容。前代的书法技艺唯有石刻能够保存得最为长久，所以石碑上的文字在无形中成为历代书法家真迹的集中场所。石碑还记录了历代的石雕艺术，这也使其成为研究雕刻艺术发展的绝好资料。可以说，碑刻是一部石头的史书，具有历史、艺术等多重价值。修建建筑、刻碑记事是中华民族的文化传统，既是历史的记载，又是历史的见证，在当今社会对研究历史文化仍发挥着非常重要的作用。

文庙碑刻作为碑刻文化的一种，更有其独特的书法艺术价值。文庙碑刻的内容与孔子及其儒家文化相关，其中不乏历代皇帝与儒学大家的亲笔题书，以示对儒家文化的尊崇。这种意义上的碑刻研究，实际上是对碑上所刻之物的研究。在中国学术界的视野中，碑学是指"崇尚碑刻之书派，与帖学相对称"或"研考碑刻之源流、时代、体制、拓本真伪及碑文内容之学问"。①如汉代的《礼器碑》，拓片流传甚广，其文字飘逸大方，书法端庄雅正。北齐乾明元年（560年）刻《夫子庙碑》，郑述祖撰文，樊逊书丹，现存于曲阜博物馆。唐武德九年（626年）刻《孔子庙堂碑》，虞世南撰文，记述了唐高祖封孔子后裔孔德伦为褒圣侯以及修饬孔庙的事迹，赞颂唐王朝用仁德治天下的功绩。

① 李光德编译：《中华书学大辞典》，团结出版社2000年版，第771页。

庙文结合：碑刻的文庙精神价值

文庙的各种建筑及其布局使得文庙形象更加立体，文庙的碑刻则使得文庙的内涵更加丰富。这些碑刻内容增加了文庙历史的厚重感，加深了我们对文庙的体悟和认知。通过对文庙碑刻的进一步了解，我们能深刻地体会到时代留给文庙的烙印，以及碑刻内容所体现的当时的政治经济文化背景，文庙的建筑因为碑刻的内容才更丰实。

碑刻与书籍一样都是图画与文字的书写、留存载体，但前者的当下性更为明显，即碑文大多记录当下发生的近景，鲜少有记载上百年之前的事情的碑文。这种内容上的偏好性和当下性，使得碑刻作为史料的可信性在某种程度上高于存在更多以讹传讹可能性的书籍。由于石头本身稳固、致密、坚硬耐磨、不易损坏等固有特性，碑刻具有其他媒介难以比拟的某种永恒性，可以百年、千年地传承下去，即所谓"刻石立铭，以示后昆，忆载万年，子子孙孙"。由此，也就产生了碑刻与功德在中国古代形成了一种由此及彼的伴生关系和联想机制。

碑刻能够"永垂不朽"，且为"不刊之文"，是一种高层级的媒介。碑刻所需的主客观条件都较为严格，使用范围限制严格，频度较低，拥有不同于一般媒介的话语权力。作为高层级的媒介，碑刻象征着权力与地位。碑的形状、大小、题字、碑首和碑趺、花纹，都是根据立碑者自己的喜好和经济实力决定的。此外，碑刻往往较为笨重，存放、运输、查检都并非易事，不会随意或草率使用。所有这些因素，都使得碑刻在我国古代的地位较高，具有特殊的象征意义。

由于碑刻特殊的象征意义，只有重要的人和事才有权得到这种记录。换言之，从碑刻的有无和多少的角度可以窥探

济南府学文庙大成门前的碑刻

某一历史阶段内某一群体或领域的社会地位及其变化。正如法国哲学家福柯所言："话语传递着、产生着权力，它强化着权力。"正因为碑刻具有象征性意义和刊载、传递信息的实际性作用，历代统治者往往有意地运用对立碑的御赐或允许、毁弃与禁止来表示亲疏与褒贬。也正因为如此，历代文庙的兴修者、重修者或其他参与者也就借碑刻来表彰贡献、描述感受、歌颂升平，并对文庙中的各种活动进行记述，以求千载留名，激励后世。

总之，碑刻不仅仅是一种文化载体，更重要的是一种高层次的文化媒介，是话语权力的象征。正因如此，历史上既有大量的树碑立传活动，也有难以尽数的禁碑、毁碑之举。对于古代统治者而言，禁止或允许立碑作为一种政治手段不仅应用于对某一群体的打击或器重，也用于对个人的惩罚或奖励。简言之，碑刻既是永垂不朽的机会，又是身份与地位的象征，因此，这种媒介的使用也就被纳入了权力的体系和视野。

济南府学文庙的
匾额

匾额文化在我国由来已久，文庙也深受匾额文化的影响，形成了独特的文庙匾额文化。由于文庙的特殊地位，皇权统治者深刻地认识到文庙所承载的儒家文化对于治国理政、文化传承的重要作用，因而文庙的匾额会比较正式，更多的带有儒家文化的色彩。

匾额与匾额文化

匾额，又称扁额、扁牍、牌额，简称为扁、匾或额。[1]东汉许慎云："扁，署也，从户册。户册者，署门户之文也。"[2]传统意义的匾额即是悬于门屏上的牌匾。另一种说法，横着的叫匾，竖着的叫额，现在基本上统称为匾额。常见的匾额一般会悬挂在门楣和房檐部之间的位置，可见于大门厅堂，亦可见于亭台水榭、庙宇楼台。

匾额的起源时间甚早。据清代训诂学家段玉裁的《说文解字注》记载，最早出现的匾额是汉高帝六年（公元前201

① 李艳华：《匾额文化初解》，载《重庆三峡学院学报》2008年第2期。
② ［汉］许慎：《说文解字》，中华书局1963年版，第100页。

年），萧何题写的"苍龙""白虎"两关之匾额。如此看来，早在汉初，匾就已经开始使用。但这时的匾额只用于标注名称，并没有特殊的含义。秦汉以后，匾额被人们赋予了新的用途，以溢美之词称颂表彰人物。史载："凡有孝子顺孙，贞女义妇，让财救患，及学士为民法式者，皆扁表其门，以兴善行。"①到了唐宋时期，尤其是宋朝，匾额的发展达到了一个高峰。民间以赠送金匾的方式表达情意，在宋朝已经不是新鲜之事。匾额之所以能在宋朝得以飞速发展，不仅得益于宋朝文化艺术的高度发达，更得益于其经济的繁荣昌盛。到了明清时期，匾额的运用已经相当普遍。从斋堂雅号到官府门第，从修身立志到旌表贺颂，大到帝王宫殿，小到寒屋陋室，其内容极其丰富，匾额已经无处不在。在如此漫长的过程中，不管外观的形制纹样，还是内在所蕴含的文化，匾额都在一步步发生着变化。

匾额起源较早，分类也较为纷杂，但大致可分为如下几类：

一是以质地为依据，可分为用于砖石建筑物的墙体和墩台上的镶嵌式石质匾额，以及用于木构建筑外檐和内檐的悬挂式木质匾额。早期的匾额以石质匾额为主，主要用于标识建筑物。除了石质和木质匾额，随着冶炼技术的发展逐渐出现了金属质地的匾额。

二是以样式为依据，分为以长方形为主的横匾和竖匾的基本形式，有手卷匾、册页匾、虚白匾等衍生形式。随着时间的推移，人们对匾额与建筑、景物相搭配的要求提高，匾额的形式也越来越多样。

三是以功能为依据，一是常见于寺庙宗祠、官府门第、园林名胜、斋堂雅号、关隘城堡等处的园林建筑匾。此类匾额主要是标识建筑物和景物的名称，但这种命名又不是简单

①《后汉书·百官志五》。

的建筑物标题，其中往往体现着古代的文化精神。二是表赞贺颂匾，常见的有祝寿匾、荣升匾、功名匾、德行匾等。此类匾额是用途最广，也是保存较多的匾额类型之一，多用以歌颂、称赞、旌表、庆贺之途。三是商铺招牌匾。此类匾额即为商铺的招牌（如北京全聚德等），在今天仍屡见不鲜。

济南府学文庙与匾额文化

当前我国现存文庙中有大量的匾额，这些匾额相对于其他类型的古建筑中的匾额而言是最为规范的。这与历朝历代的统治者对祭孔活动的重视有极大的关系，皇权的介入，使得文庙的匾额不能有太多的随意性。每一块匾额都是深思熟虑后题写的。

文庙里的匾额数以百计，每块匾额都象征着儒家文化的博大精深。镌刻在文庙殿堂之上的楹联，更为文庙增添了深邃的文化意蕴，给人以无声的教导和警策。文庙中除了有标识建筑物名称的匾额以外，例如"棂星门""大成门""大成殿""明伦堂"；还有表示贺颂的匾额，如清朝的历代皇帝为大成殿题写的匾额，清代皇帝题写的匾额最多，且保存较好。清朝从康熙帝开始，每一位皇帝即位之后都会到国子监亲临讲学，为曲阜孔庙的大成殿御书匾额一块，下诏命全国的文庙摹制悬挂于大成殿内。直到清朝末年，包括北京国子监孔庙、曲阜孔庙在内全国各地府、州、县学文庙的大成殿都悬挂了清朝的九位皇帝分别御笔书写的木制匾额九块。分别是：康熙皇帝题写的"万世师表"匾额、雍正皇帝御笔书写的"生民未有"匾额、乾隆皇帝题写的"与天地参"匾额、嘉庆皇帝御书颁揭的"圣集大成"匾额、道光皇帝题写

济南府学文庙大成殿康熙题写的匾额（郑保国／摄）　　　　　济南府学文庙大成殿乾隆题写的匾额（郑保国／摄）

的"圣协时中"匾额、咸丰皇帝御书颁揭的"德齐帱载"匾
额、同治皇帝颁揭的"圣神天纵"匾额、光绪皇帝颁揭的
"斯文在兹"匾额、宣统皇帝命人书写颁揭的"中和位育"
匾额。这九块匾额，悬挂在大成殿里，按照固定的顺序依次
排开。每当皇帝御书题笔颁揭匾额于曲阜孔庙大成殿之后，
也会下诏命令全国文庙在大成殿悬挂同样的匾额，并且匾额
的笔迹、内容与曲阜大成殿保持一致。

　　济南府学文庙作为府一级的文庙，自然会同全国各地其
他地方的文庙一样，每当新皇帝登上皇位为曲阜孔庙大成殿
题写匾额之后，济南府学文庙的大成殿也会悬挂一块一模一
样的崭新的匾额。

匾额及匾额文化在文庙中的作用

　　首先，从北京国子监孔庙、曲阜孔庙到全国府、州、县
文庙大成殿匾额的悬挂，可以看出清朝历代皇帝对孔子、孔
庙的重视。皇帝是一个王朝的最高统治者，掌握着至高无上
的权力。一国之君亲临孔庙并题写匾额，足以见得文庙在中

国古代社会中的重要地位。当然，这与孔子及其所代表的儒家文化旺盛的生命力有直接的关联。儒家思想对于统治者治理国家、教化百姓、维护社会稳定有巨大的导向作用。封建王朝的统治者自然会意识到儒家思想对于维护其统治的有利价值，重视对文庙的维护修建及文庙内部的匾额。

很显然，儒家思想"在君上尤受其益"。从某种意义上来说，皇帝为孔庙御书匾额也已经超越了其最开始的尊孔崇儒的含义。此时的御书匾额的行为更是上升到政治层面，是一种对皇权的自我肯定的政治行为。从匾额的内容可以看出，匾额内容出自儒家典籍，从中取字，毫不吝啬对孔子的赞美。

其次，匾额本身具有一定的艺术价值。匾额文化丰富了文庙的文化内涵，使得文庙更具生命力和文化意味。文庙的每一处匾额，都讲究"有出处、有典故"。匾额在蕴含着深厚的文化内涵的同时，还根据其场所、用处以及作者的感情，以极为含蓄的方式暗示出其象征意义，成为具有中国气派和风格的艺术作品，表现出极强的趣味性。题匾的书法，一般称为榜书。榜书书体大，鲜明醒目，字体便于识读，故而常用楷书体，也有篆书、隶书、行书等。榜书字大，因而笔毫也要大，执笔和运管均与平常写字不同，腕肘运笔，下笔有力。因字大，结构、运笔都起了变化，因此必须写得结构紧密又有意趣，对书家的要求很高。这同时体现了文庙和中华书法的双重魅力。匾额的存在使文庙的建筑富有了生命力，无声地诉说着其悬挂之处的每一座建筑的独特意义。文庙匾额集合书法、雕刻以及绘画艺术于一身，凸显了丰富的艺术感染力和学术价值。

最后，匾额也是我们中华民族优秀传统文化的体现。文

济南府学文庙大成门

庙中的每一块匾额所承载的历史价值、文化价值，都超越了其材质本身的价值。

主体建筑以外的文庙碑刻和匾额，同样是文庙的重要组成部分，其所蕴含的浓厚的文化艺术价值，传承至今，为当前文庙的研究提供了翔实、准确的史料，丰富了文庙研究的内容和领域。文庙的碑刻和匾额所形成的独特的碑刻文化和匾额文化，也丰富了我国古代传统文化的内涵。各地文庙的碑刻和匾额各具特色，又具有某些共性，充分体现了历朝历代的统治者对儒学对孔子的尊崇，及对儒家文化的重视。特别是清朝历代皇帝为孔庙大成殿御书匾额，更是体现了皇权的渗透，尊孔的政治作用凸显出来。

总之，文庙匾额熔书法、装饰和建筑艺术于一炉，呈现出丰富的形式。作为府一级的重要教化场所，济南府学文庙的各类匾额，于细微处体现着济南这座城市独特的文化魅力。一块块或大或小的匾额，无声地向后人诉说着济南府学文庙千年的历史。

济南府学文庙的活动与功能

众所周知，我国古代文庙的级别和规制，从高到低依次为国子监（国子学）文庙、府州学文庙、县学文庙。济南府学文庙即是山东地方官学中级别最高的文庙。它既是济南历史上社会文化教育的中心，也是山东地区除曲阜之外最重要的祭孔场所。建筑是物化的音乐、文化的产物，也是历史活动的场域、无言的历史见证者。历史上，济南府学文庙曾经辉煌过，繁盛过，文人墨客曾云集于此，留下了各种各样的活动。因为有了人的活动，文庙才更充满了韵味，也富有了传奇。

　　文庙在古代是祀圣贤、习礼仪、讲经籍、议文事、彰贤达之地，具有祭祀、教育、社会教化（或称褒奖）等多重功能。功能和活动是相互依存的。一方面，功能来源于活动，并通过活动体现出来；另一方面，不同的功能定位需要相应的活动来实现和支撑，不同的活动则需要以相应的功能定位为依据。以下，本章即立足文庙的三大功能定位，就济南府学文庙的祭祀活动、教育教学活动、社会教化活动三个方面展开论述，并随文阐释文庙的功能和价值。

济
南
府
学
文
庙
的

祭
祀
活
动

所谓祭祀，就是通过一定的仪式，使用规定的器物，向天、地、祖先或神灵奉献祭品，致以敬意，请求受祭者帮助人们以实现某种愿望的活动。在我国，祭祀活动起源极早，是上古先民生活的重要内容。之后，祭祀活动日益制度化、规范化、神圣化，成为传统社会极其重要的一种活动。由此形成的祭祀文化，在中国传统文化中占有非常重要的地位，也可视为中国传统文化的重要组成部分。

祭祀: 古代文庙最重要的一种活动

毋庸讳言，今天的人们对古老的祭祀活动是有不少偏见的。例如，在一些人看来，祭祀活动充斥着愚昧、迷信的色彩，认为这是古人认识能力低下、知识信息缺乏、生产力不发达等因素的产物；也有人认为，祭祀就是古代统治阶级恫吓或愚弄民众的活动，是为了宣扬愚民思想，维护自身的统治。事实上，这些都是以今律古、似是而非的观点。有关研究表明，祭祀活动最初虽然具有模糊性、虚幻性色彩，但也包含了大量的科学、文化、艺术等方面的信息。同时，这种活动在统一社会意志、增强社会凝聚、协调社会关系、降低社会内耗、稳定社会秩序等方面常常起着不可忽视的作用，因而往往被政治力量加以支持和利用，成为治国理民的有力手段。[①]

纵观历史，在古代社会，人们对于祭祀活动是极其重视的，有所谓"国之大事，在祀与戎"[②]"礼有五经，莫重于祭"[③]等观念。既然祭祀活动如此重要，当然也就有严格的等级和程序，只不过最初的祭祀场所比较简单而已。到后来，人们为了表示对神灵的虔诚，修筑了神庙或祭坛，相关仪式也日趋制度化、规范化，发展出迎神、燔柴、进俎、奠酒、望燎、献帛、奉茶、祝文等程序。

起源甚早的祭祀活动，大致可分为祭天、祭地、祭祖三大类。祭天、祭地是由天子主持、大夫参与的最为隆重的活动，对封建王朝意义重大；祭祖则是人们对祖先的崇拜和敬畏，以求祖先逝去的亡魂能对子孙进行庇佑。

随着儒家伦理观念深入人心，祭祖又增加了缅怀和追忆的意味，对祖先的请求演变为"致意思慕之情"。由此，自鲁哀公之后，祭祀孔子首先从曲阜开始，自汉代之后上升到帝王主祭，从而成为一种重要的政治活动。祭祀的对象也由孔子逐步增加，扩展到孔子弟子、再传弟子以及儒家的其他重要人物，并在文庙这种专门场所进行。文庙祭祀既有特定的祭礼、祭仪，也有丰盛的祭品、祭器，还有专门的祭乐、祭舞，历代相沿，体系非常完备。就祭祀、礼仪而言，最为重要的是被列入国家祀典的释奠礼。《礼记·文王世子》云："凡学，春官释奠于其先师，秋冬亦如之。凡始立学者，必释奠于先圣、先师。"[④]文庙释奠的目的不仅在于祭祀孔子，

---

① 参见广少奎等：《中国教育活动通史》（第一卷），山东教育出版社2015年版，第550—551页。

② 《左传·成公十三年》。

③ [元]陈澔注：《礼记》，上海古籍出版社2016年版，第551页。

④ [元]陈澔注：《礼记》，上海古籍出版社2016年版，第236页。

更在于对儒家文化的认同。

文庙祭祀是古代祭祀活动的一种，也可视为祭祖活动的一种变体。随着孔子的地位逐渐提高，文庙祭祀的规格日益提升，礼仪的严格程度也与日俱增，无论是祭祀规模、所用祭品，还是参加祭祀的人员都有明确的规定。祭祀也就成为全国所有文庙中最重要也最常见的一种活动。

济南府学文庙的祭祀对象

文庙是为纪念、祭祀历史上对文化作出杰出贡献的人士而专门建立的场所，最初的祭祀对象当然是孔子。随着统治阶级对儒学的重视以及儒家文化自身旺盛的生命力，祭祀的人物逐渐扩大，从最初的孔子到后来的"四配十哲"及历代先贤先儒，形成了一个庞大的祭祀群体。文庙中奉祀的人物都是精心挑选的。他们的言行举止具有典型性和代表性，是社会的典范。置身于孔庙之内，必然"使天下之士观感奋兴，肃然生其敬畏之心，油然动其效法之念"①。

① 庞钟璐：《文庙祀典考》，光绪四年（1878年）戊寅刊本。

济南府学文庙大成殿内的受祭者（郑保国／摄）

文庙的祭祀活动起源于上古时期人们祭祀先圣、先师的祭祀传统，逐步形成了主祭孔子并且以先贤、先儒配享的国家性祭祀制度。这些配享中包括配祀在大成殿的四配、十二哲。除此之外，在文庙的东西廊庑中还有历代的先儒、先贤及对儒家文化的传承与发展作出巨大贡献的人。东西廊庑中的先儒、先贤，历代虽有更替，但是基本稳定。从明朝开始，乡贤祠、名宦祠被移入文庙，闻名乡里的贤人、造福一方百姓的官员也得以入祀文庙。文庙中的启圣祠是为了祭祀孔子的父祖辈而建的，人们在纪念瞻仰孔子的学问之深、品德之高尚的时候，也不忘其父祖辈的影响。

大凡规模较大的文庙，往往供奉着数十乃至上百位圣贤，有孔子、四配、十二哲、历代先儒先贤、孔子的父祖辈等，是一个非常庞大的祭祀体系。其中主祀者是孔子，而其他人都属于从祀的地位，这些人地位的升降会因孔子地位的升降而变化，正所谓一荣俱荣，一损俱损。[1]现依据相关资料，将济南府学文庙大成殿中的奉祀对象整理如下。

济南府学文庙大成殿奉祀对象位次一览表

西傍东向	西位东向	正位南向	东位西向	东傍西向
先贤冉子耕	宗圣曾子	孔子	复圣颜子	先贤闵子损
先贤宰子予				先贤冉子雍
先贤冉子求				先贤端木子赐
先贤言子偃	亚圣孟子		述圣子思子	先贤仲子由
先贤颛孙子师				先贤卜子商
先贤朱子熹				先贤有子若

（资料来源：[清] 王赠芳等修，成瓘等纂，济南市史志办公室整理《济南府志上·卷十七·学校》，中华书局2013年版，第399—400页。）

[1] 董喜宁：《孔庙祭祀研究》，中国社会科学出版社2014年版，第91页。

　　"四配"是孔子门下最杰出的四位人物，分别是"复圣"颜渊、"宗圣"曾参、"述圣"子思、"亚圣"孟轲。南宋咸淳三年（1267年），宋度宗到太学祭祀孔子，举行了简单的释菜礼，开始以颜渊、曾参、子思、孟轲四人享配，称为"四配"。"十哲"是孔子门下德才最出众的十位学生。唐开元八年（720年），唐玄宗诏令国子监祭祀孔子时，将颜子、闵子骞、冉伯牛、仲弓、宰我、子贡、冉有、子路、子游、子夏十人享配孔庙，称为"十哲"。因为孔子曾经用德行、言语、政事、文学四科来评定学生们的优长，即"德行：颜渊、闵子骞、冉伯牛、仲弓；言语：宰我、子贡；政事：冉有、季路；文学：子游、子夏"。这十人被公认为孔子最好的学生。

　　"十二哲"是在唐代至清康熙五十年（1711年）所定十哲（如上述）的前提下，于康熙五十一年（1712年）与乾隆三年（1738年），分别增加宋代大儒朱熹和孔门弟子有若（字子有，人亦称有子）而构成。南宋宝庆三年（1227年），宋理宗仔细研读朱熹的《四书章句集注》后，认为朱熹发挥了圣贤的底蕴，确立了儒学的精华，对于治理国家是一帖良药。因此自己也要以圣贤为榜样，努力学习"四书"，并下诏令追赠朱熹太师，追封信国公。宋理宗还制订了《道统十三赞》，亲书朱熹的《白鹿洞书院学规》，并诏令将其牌位供奉于各地文庙，济南府学文庙自然也不例外。

　　在文庙从祀体系中，级别低于"四配十二哲"的，称为"先贤"和"先儒"。供奉先贤和先儒的地点位于东西两庑。"先贤"和"先儒"上自春秋，下至清末，都曾是中国历史上被推崇的著名人物，也是他们那个时代的社会道德规范的楷模。从祀先贤先儒开始于唐代，以后经过历代帝王的增添、改换，到清末为止，先贤和先儒已达百余人。其中，"先贤"主要是指孔门弟子及再传弟子。明崇祯十五年（1642年）时，又将周敦颐、张载、程颢、程颐等宋代理学大师从祀。济南府学文庙东西庑奉祀的对象如下列二表所示。

济南府学文庙东庑奉祀对象一览表

东庑先贤		东庑先儒	
蘧瑗	罕父黑	公羊高	吴澄
澹台灭明	荣旂	伏胜	胡居仁
原宪	左人郢	董仲舒	王守仁
南宫适	郑国	后苍	罗钦顺
商瞿	原亢	杜子春	黄道周
漆雕开	廉洁	诸葛亮	汤斌
司马耕	叔仲会	王通	
梁鳣	公西舆如	陆贽	
冉孺	邽巽	范仲淹	
伯虔	陈亢	欧阳修	
冉季	琴张	杨时	
漆雕徒父	步叔乘	罗从彦	
漆雕哆	秦非	李侗	
公西赤	颜哙	吕祖谦	
任不齐	颜何	蔡沈	
公良孺	县亶	陈淳	
公肩定	乐正克	魏了翁	
鄡单	万章	王柏	
	周敦颐	赵复	
	程颢	许谦	
	邵雍		

济南府学文庙西庑奉祀对象一览表

西庑先贤		西庑先儒	
林放	句井疆	谷梁赤	薛瑄
宓不齐	秦祖	高堂生	陈献章
公冶长	县成	孔安国	蔡清
公晰哀	公祖句兹	毛苌	吕坤
高柴	燕伋	郑玄	刘宗周
樊须	乐欬	范宁	孙奇逢
商泽	狄黑	韩愈	陆陇其
巫马施	孔忠	胡瑗	
颜辛	公西蒇	司马光	
曹恤	颜之仆	尹焞	
公孙龙	施之常	胡安国	
秦商	申枨	张栻	
颜高	左丘明	陆九渊	
壤驷赤	秦冉	黄干	
石作蜀	牧皮	真德秀	
公夏首	公都子	何基	
后处	公孙丑	陈浩	
奚容蒇	张载	金履祥	
颜祖	程颐	许衡	

　　由以上所列的两种一览表，再仔细对照曲阜孔庙就可以发现，济南府学文庙大成殿中所奉祀的人物及位次排列与曲阜孔庙相比虽然大同小异，但还是有所不同的。例如，有的在曲阜孔庙中身份是"先儒"，在济南府学文庙中则成为了"先贤"，有的则恰好相反。还有个别人物是济南府学文庙独有而曲阜孔庙所无的。另外，也有不少人物虽然身份未

变，但由曲阜孔庙的东庑移至济南府学文庙的西庑受祭。因而济南府学文庙的祭祀对象，是有其"微调"性质的特殊安排的，从而显示出不同于曲阜孔庙的自身特色。

祭祀活动的名目、内容和程序

祭祀活动的名目

根据祭祀目的、祭祀时间、礼仪繁简程度的不同，文庙祭祀活动被冠以释奠礼、释菜礼、行香礼、朔望祭、遣祭等各种名目。这些名目有的是古代流传下来的，有的是后世兴起的，既有常设之礼，也有因事设礼，均在推行的过程中相沿成例。如此繁多的祭祀名目，既显示了祭祀形式的多样化和复杂化，也反映了祭祀礼仪的严肃化和神圣化，折射出历代统治者对儒家思想的推崇和对先贤先儒的敬重。综合相关资料，济南府学文庙中最主要的祭祀活动的名目，主要有如下几种：[①]

①释奠礼

释奠礼是文庙里规格最高的祭祀活动，分为定期祭祀和非定期祭祀两种类型。定期祭祀在唐初以前每年四次，从晋朝到唐朝初年，国学每年会举行四次释奠礼。唐开元后改为一年两次，每当国学遇有大祭祀改为中丁，州县学校一律改为上丁，其后历代基本上就定为春秋仲月上丁释奠。济南府学文庙作为府一级的文庙，即在上丁行释奠礼。

由于释奠礼属文庙中最高级别的祭祀，因而历朝历代都非常重视。例如，南宋嘉泰二年（1202年），皇帝下诏命令武臣一起参与释奠仪式，拜谒文庙；清康熙四十九年（1710年），命令文武官员必须一道至文庙行礼。史料记载，清朝

① 参见［清］王赠芳等修，成瓘等纂，济南市史志办公室整理：《济南府志上·卷十七·学校》，中华书局2013年版，第400—404页。

时行释奠礼，须由总督或巡抚主持，两旁跟随布政使、按察使和道员，两庑以知府、同知为主，司祝、司香、司帛、司爵、司馔者则以教授、训导领班，以学弟子为执事，在城的县丞、千总以上的官员皆须参加活动。[①]由此可见，统治者对释奠礼是极其重视的。

② 释菜礼

与释奠礼相比，释菜礼规格较低，不要求所有官员全部出席。《礼记注疏》中有"释菜惟释苹藻而已，无牲牢，无币帛"[②]的记载。可见释菜礼是以蔬菜为祭品的，而且是不用乐的。欧阳修曾对释奠礼与释菜礼的区别做过比较："释奠有乐无尸；而释菜无乐，则其又略也。"[③]从中可见，释菜礼的规格要低。《礼记·文王世子》说："始立学者，既兴器用币，然后释菜。"到后来，释菜礼也成为学校祭祀的名称之一。从明洪武十七年（1384年）开始每月朔望，祭酒以下须要举行释菜礼。

③ 行香礼

行香礼，从名称上来讲是烧香，这本应该是礼佛的形式。但是，明洪武十七年（1384年）皇帝下令，府州县长官每到朔望要到学校行香。清顺治元年（1644年）文庙上香改为每月一次，并且行香不用摆放祭品，只需行礼即可。

祭祀活动的内容

如上所述，释奠礼是文庙里规格最高的祭祀活动，参加人员最多，活动内容也最为完备。以下即略述释奠礼之牺牲器具和引赞祝词，以窥活动内容之一斑。

① 牺牲、器具及摆放

祭祀活动的受祭对象分正位、配位诸圣和两庑诸贤，所

① 参见 [清] 王赠芳等修，成瓘等纂，济南市史志办公室整理：《济南府志上·卷十七·学校》，中华书局2013年版，第400页。
② [东汉] 郑玄注，[唐] 孔颖达疏：《礼记注疏·卷十二》，上海古籍出版社2008年版，第333页。
③ [宋] 欧阳修：《欧阳修全集·卷三十九》，中华书局2001年版，第565页。

享受的牺牲及器具规格皆有所区别。《祭器制度》对于各类器具的用材、规格和尺寸都有明确规定，如对"登"的规定是"范铜为之。高六寸，深二寸，口径四寸九分，校围六寸九分，足径四寸七分。盖高一寸六分，径四寸六分，顶高三分"。其他器具，如铏、簠、簋、笾、豆、炉、灯、俎、篚、幂、勺、洗、巾、鼎、垫、祝版等，皆有明确规定。

祭祀之时，大殿先师师位之前，摆放牛一、羊一、豕一、登一、铏二、簠二、簋二、笾十、豆十、炉一、灯二。

四配位之前，各摆放羊一、豕一、铏二、簠二、簋二、笾八、豆八、炉一、灯二。

十二哲位东西各羊一、豕一、炉一、灯二，每位前各铏一、簠一、簋一、笾四、豆四。

两庑：先贤案前东西各羊二、豕二、香案一、炉一、灯二；先儒案前东西各羊一、豕一、香案一、炉一、灯二；每二位一案，每案簠一、簋一、笾四、豆四；东西各设案一，于南北向各陈礼神制帛二（色白）、香盘二、尊三、虚爵六、俎、篚、幂、勺具。

②仪礼、乐曲和祝词

当各种牺牲、器具摆放完毕，由领班人员引领诸官员入内，通赞呼："迎神！"司乐呼："举迎神乐！"乐队奏《昭平之章》。然后，引赞即行祝词。词曰：

> 大哉孔子，先觉先知。与天地参，万世之师。祥征麟续，韵答金丝。日月既揭，乾坤清夷。[1]

待到主献官叩礼、行香、献爵等仪式完成之后，乐队奏《宣平》之章，有司致祝词。词曰：

① ［清］王赠芳等修，成瓘等纂，济南市史志办公室整理：《济南府志上·卷十七·学校》，中华书局2013年版，第401页。

予怀明德，玉振金声。生民未有，展也大成。俎豆千古，春秋上丁。清酒既载，其香始升。

然后，乐舞生举节、跳羽籥之舞，承祭官跪、叩礼，司帛跪奉筐，司爵跪奉爵，承祭官受爵、跪行叩礼，继而司祝跪读祝词。词曰：

维某年月日，某官致祭于至圣先师孔子曰：惟先师德隆千圣，道冠百王。揭日月以常行，自生民所未有。属文教昌明之会，正礼节乐和之时。辟雍钟鼓，咸恪荐于馨香；泮水胶庠，益致严于笾豆。兹当仲春秋，只率彝章。肃展微忱，聿将祀典，以复圣颜子、宗圣曾子、述圣子思子、亚圣孟子配。尚飨！①

祝词之后，释奠礼还要进行亚献、终献两大仪礼及彻豆、彻馔、送神等仪式，且皆有祝词，此类内容留待后文再述。由此可见，释奠礼的仪式是极其完备也是无比隆重的。

祭祀活动的主要程序

山东是孔子的故乡。几千年来，孔子的后人在这里繁衍生息。随着统治者对孔子的尊崇，孔子的地位进一步提高，孔庙由家庙上升到国庙的高度，由此具备了家庙与国庙的双重性质。曲阜孔庙祭祀就具有了双重含义，既是奉命于朝廷必须祭祀之礼，也是作为家庙享受孔子后裔祭拜之礼，形成了属于文庙祭祀的独特的仪式程序。

释奠礼的礼仪程序在唐代已经发展成熟，此后朝代虽然有所变动，但是只是个别仪式上的增加或者减少。唐代制定

①［清］王赠芳等修，成瓘等纂，济南市史志办公室整理：《济南府志上·卷十七·学校》，中华书局2013年版，第401—402页。

了以三献礼（初献、亚献、终献）为核心的释奠仪式，以后各朝，仪式程序皆以唐朝礼制为蓝本。济南府学文庙的祭祀程序与国学释奠最大的不同就是祭祀活动的出席者级别较低。另外，济南府学文庙的释奠为小祀，斋戒时间为三天。济南府学文庙的释奠程序大体如下：

① 释奠前的准备

祭前一日，有司命庙户清扫殿堂廊庑，去除杂物。然后，有关人员着官服，到神厨中检查牺牲供品，看是否完备整洁。继而，正献官（主官）率执事人员演习礼仪，教官率乐舞生习舞、习吹。其他有司率员在祭前子夜，陈各类器具于神位之前，先师位、四配位、十二哲位各有不同。此即释奠礼前的基本准备。

斋戒

举行仪式之前，所有官员皆须斋戒，共三日。其中，向神位贡献牺牲者为献官，分为三类：地方主官为初献官，上佐为亚献官，博士为终献官（若初献有故，以次差摄；博士有故，次取训导、助教等摄）。初献散斋于别寝二日，致斋于厅事一日；亚献以下与享之官，散斋二日于正寝，致斋一日于享所；助教及诸学生皆清斋于学馆一宿。

设位

前享二日。本司扫除内外，置瘗坎于院内堂之壬地。前享一日。晡后，设三献位于东阶东南，每等异位，俱西向。设掌事位于三献东南，西向，北上。设望瘗位于堂之东北，当瘗坎，西向。设助教于西阶西，当掌事位。设学生位于助教之后，具东面北上。设赞礼者位于三献西南，西向，北上。设赞唱者位于瘗坎东北，南向，东上。设三献门外位于道东，每等异位，西向。掌事位于终献之后，北上。执樽、罍、洗、篚者各就位于樽、罍、洗、篚之后。

享日未明。烹牲于厨，祝以豆二取毛血。夙兴。掌馔者实祭器。

就位

诸享官各服祭服，助教儒服，学生青衿服。本司帅掌事者实樽、罍及篚。祝版各置于坫。赞唱者先入就位。祝二人与执樽、罍、篚者入，立于庭，重行，北面，西上。立定。赞唱曰："再拜。"祝以下皆再拜。执樽、罍、篚者各就位。祝升自东阶，行扫除讫，自东阶降，各复位。主官将至，赞礼者引享官以下俱就门外位。助教、学生并入就门内位。主官至时，引赞导之驻地，赞唱者先入就位。祝自东阶升，各立于樽后。主官暂停于驻地，少顷，服祭服出。引班导主官入就位，西向立。引者退立于左，赞礼者引享官以下次入就位，立定。赞唱者曰："再拜。"主官以下皆再拜。

②馔享过程

迎神

众人就位。引赞少退于主官之左，北面，曰："请行事。"退，复位。祝俱跪，取币于篚，兴，各立于樽所。本司率执馔者奉馔陈于门外。引赞引主官自东阶升，进先圣神坐前，西向立。祝以币北面授主官。引赞引主官进，西向，跪奠于先圣神坐，兴，少退，西向再拜。讫，引赞引主官进先圣神座前，北面立。祝以币西向授主官。引赞引主官进，跪奠于先师神坐，兴，少退，北向拜。引赞引主官降，复位。本司引馔入，自东阶升。祝迎引于阶上，各设于神坐前。设讫，本司引执馔者降出，祝还樽所。

初献

引赞引主官诣罍洗所，执罍者酌水，执洗者跪取盘，兴，承水。主官盥手，执篚者跪取巾于篚，兴，进主官。帨手讫，执篚者受巾，跪奠于篚。遂取爵，兴，以进主官。执罍者酌水，主官洗爵。执篚者又跪取巾于篚，兴，进主官。拭爵讫，执篚者受巾，跪奠于篚。奉盘者跪奠盘，兴。引赞引主官自东阶升，诣先圣酒樽所。执樽者举幂，主官酌醴齐。引赞引主官诣先圣神坐前，西向跪，奠爵。兴，少退，西向立。祝持版进于神坐之右，北向跪，读祝文。祝兴，主官再拜。祝进跪奠版于神坐。兴，还樽所。主官拜讫，引赞引主官诣先师酒樽所，取爵于坫，执樽者举幂，主官酌醴齐。引赞引主官诣先师神坐前，北向跪，奠爵。兴，少退，北向立。祝持版进于神坐之左，西向跪，读祝文。祝兴，主官再拜。祝进跪奠版于神坐，兴，还樽所。

饮福受胙

主官拜讫，引赞引主官诣东序，西向立。祝各以爵酌罍中福酒合置一爵，一祝持爵进主官之左，北向立。主官再拜，受爵，跪祭酒，啐酒，奠爵，俯伏，兴。祝各帅进馔者跪减先圣先师神前胙肉（各取前脚第二骨）共置一俎上，又取黍稷饭共置一笾。兴，祝先以饭进主官。主官受，转授执馔者。又以俎进主官。主官受，转授执馔者。主官跪取爵，遂饮卒爵。祝进受爵，复于坫上。主官兴，再拜。引赞引主官降，复位。

亚献、终献

主官初献将毕，赞礼者引亚献诣罍洗所，盥手洗爵、升献、饮福皆如主官之仪（唯不读祝，不受胙）。讫，降，复位。乐队奏亚献《秩平》之章，有司致祝词。词曰："式礼莫愆，升堂再献。响协鼗镛，诚孚罍甒。肃肃雍雍，誉髦斯彦。礼陶乐淑，相观而善。"亚献将毕，赞礼者引终献诣罍

济南府学文庙大成殿殿内

所洗，盥洗、升献如亚献之仪。讫，降，复位。祝词后，乐队奏终献《叙平》之章，有司致祝词。词曰："自古在昔，先民有作。皮弁祭菜，于论思乐。惟天牖民，惟圣时若。彝伦攸叙，至今木铎。"

彻豆、赐胙、送神

祝各进神座前，跪，彻豆（将笾豆各一，少移于故处）。乐队奏《懿平》之章，有司致祝词。词曰："先师有言，祭则受福。四海黉宫，畴敢不肃！礼成告彻，毋疏毋渎。乐所自生，中原有菽。"[①]众人须皆跪，兴。彻毕，乐止。赞曰："送神！"乐队奏《德平》之章，有司致祝词。词曰："凫绎峨峨，洙泗洋洋。景行行止，流泽无疆。聿昭祀事，祀事孔明。化我烝民，育我胶庠。"词毕，赞唱者曰："赐胙，再拜。"非饮福受胙者，皆再拜。赞唱者又曰："再拜。"主官以下皆再拜。还樽所。

瘗币、燔祝版

引赞少进，北面，曰："请就望瘗位。"引赞引主官就望瘗位，西向立。赞唱者转就瘗坎东北位。初，在位者将拜，祝各以筐进神坐前，跪，取币，降自西阶，诣埋坎，以币置于坎。讫，赞唱者曰："可瘗坎。"东西厢各二人添土半坎。引赞少进主官之左，北面，曰："礼毕！"遂引主官出。赞礼者各引享官以下以次出。初，礼毕，赞唱者还本位，祝与执樽、罍、筐者俱复掌事位。立定，赞唱者曰再拜。祝以下俱再拜，以次出。其祝版燔于斋所。[②]

文庙祭祀的意义和作用

仅由以上略述即可看出，文庙祭祀的仪式是极其完备

① [清] 王赠芳等修，成瓘等纂，济南市史志办公室整理：《济南府志上·卷十七·学校》，中华书局2013年版，第402页。
② 董喜宁：《孔庙祭祀研究》，中国社会科学出版社2014年版，第398—403页。

的，也极其繁复。一切活动都是有目的指向的，一切仪式背后也都有意义。文庙祭祀由最初的家祀上升到后来的国祀，也可以看出儒家文化在中华民族发展过程中的重要意义。曾子曾说过："慎终，追远，民德归厚矣。"意思是说，慎重对待自己的一生，追怀逝去的先祖先贤，民风就能变得淳朴。可见，文庙祭祀的背后大有深意。

前人有云："孔子以道设教，天下祀之，非祀其人，祀其道也。今使天下之人，读其书，由其教，行其道，而不得举其祀，非所以维人心、扶世教也。"①可见，文庙奉祀其实就是奉祀孔子的思想，着眼的是对世道人心的教化。其中所宣扬的尊师重道、崇德报功、尊卑有序等伦理道德，对中国传统社会发展具有重大的意义和作用。笔者认为，文庙祭祀活动的意义和作用，至少体现在如下几个方面：

有利于弘扬和传承儒家文化

文庙祭祀最先始于孔子弟子对孔子的哀悼纪念，汉高祖刘邦过曲阜入孔子故宅祭拜孔子，将对孔子的祭祀上升到国家祭祀的高度。此后，无论朝代如何更替，总体趋势是对文庙祭祀的重视程度与日俱增。而且，祭祀的仪式、规格、程序、内容都逐步走向完善，形成了极其细密、复杂甚至烦琐严苛的规制。这从上文挂一漏万的简要叙述中即可略窥一斑。

但是，不管祭祀活动要求如何严格，程序如何繁复，活动背后所体现出的庄严性、隆重性、神圣性是毋庸置疑的，折射出统治阶层维护秩序、强化以德治国的教化图谋。借助行之千年的文庙祭祀活动，儒家文化得以名正言顺、堂而皇之地进行弘扬、传播和传承。尤其是文庙中各级祭祀对象的确立与区别对待，以及对他们的各种礼拜和崇奉，使得儒家

①［清］张廷玉等撰：《明史》，中华书局1974年版，第3892页。

济南府学文庙大成殿前的祭拜仪式（郑保国／摄）

学统、道统得以一再被确认和巩固，各位先辈的思想、贡献一再被尊崇和强化，从而使儒家思想得以千年不辍。简言之，文庙祭祀活动不仅表现为对先贤贡献的礼敬与尊崇，还是一种选择、编排与肯定，更是一种面向全社会的教育仪式。某种程度上甚至可以说，正是通过文庙祭祀活动，儒家文化才得以经久不衰。

有利于激励世人，教化人心

文庙祭祀有固定的场所、固定的仪式程序以及相应的献祭人员，文庙也因其自身的特殊地位，在漫长的历史发展变化过程中，形成了属于自己的独特的规制，这使得文庙祭祀仪式庄严而又神圣。事实上，文庙祭祀的意义早已超脱出仪式本身的内涵，使人们的心灵得以净化，境界得以提升，进而将成圣成贤的愿望转变成自己的人生追求。尤须一提的是，文庙不但祭祀历代儒学大师，还祭祀乡贤与名宦，这些人既可敬，又可学，从而给人们提供了学习的榜样。

在文庙内祭祀先圣先贤，具有激励士子、引导百姓的重要作用。对于广大士子来说，祭祀既是一种无形的精神信仰，也是一种有形的象征符号。有学者指出："文庙从祀能够使士子耳濡目染成圣希贤的荣耀，对他们的道德信仰有显著的塑造作用。"①士子入其庙，登其堂，祭拜至圣先师；观其貌，诵其言，俨然若见圣人；进而就其学，习其礼，明其乐，思其道，以求与圣人齐。与此同时，士子的情感得以升华，朝廷的教化得以实现。其次，在祭祀现场，圣贤高踞，烟香缭绕，祭器精美，乐舞和谐，这些都对士子和百姓有着很强的感染力。换句话说，祭祀能够营造一种庄重肃穆的文化氛围，在这种文化氛围的渲染下，他们能够深切地感受到圣贤的人格魅力，进而"生其敬畏之心，动其效法之念"。不仅如此，大到隆重的祭仪，小到丰盛的祭品，也都处处彰显着成为圣贤的荣耀。这对广大学子来说更是一种莫大的激励。另外，士子瞻仰圣贤之像，入其堂俨然若见其人的心理效应大大拉近了圣贤与士子的距离，②更加坚定了他们求学问道的信念。凡此种种，促使他们将先圣先贤当作自己学习的榜样，树立人生的远大理想。

古往今来，受文庙祭祀影响而渴望成贤之人并不在少数。宋代文天祥"自为童子时，见学宫所祠乡先生欧阳修、杨邦乂、胡铨像，皆谥'忠'，即欣然慕之"③。明代的臧应奎也是受文庙祭祀影响的一位典型儒家士大夫。他"以圣贤自期，尝过文庙，慨然谓其友曰：'吾辈没，亦当俎豆其间。'"④。即使到清朝末年，"成圣成贤"依然是士子们不懈的人生追求，以至于某些儒生"梦在两庑之间"，以为"人至没世而莫能分食一块冷肉于孔庙，则为虚生"⑤。由此可以看出，文庙祭祀活动对人的影响何其巨大。

① 房伟：《文庙祭祀与儒家道德信仰》，载《廊坊师范学院学报（社会科学版）》2017年第4期。
② 许莹莹：《试析明代福建文庙祭祀的教化功能》，载《福建论坛（人文社会科学版）》2016年第7期。
③《宋史·文天祥列传》。
④《明史·臧应奎列传》。
⑤ 刘大鹏：《晋祠志》，山西人民出版社1986年版，第201页。

有利于传播文教，传承道统

中国古代有所谓"三统"说，即学统、治（政）统和道统。"天子之位也，是谓治统；圣人之教也，是谓道统。"①
有人说，一部中国知识分子的历史，就是"道统"与"政统"融合而又冲突的历史。文庙祭祀代表着道统与政统的融合，在文庙中享祭的对象是统治者根据他们的政治主张和学术思想来考量的，得以入祀文庙的圣贤由朝廷推荐，经过一番讨论斟酌，最终由皇帝亲自确定。从这一方面来考虑，还是政统主导着道统。通过对道统的强化，以此来提升生员们对儒家文化正统和学术传统的认同感。与此同时，儒家道统的形成与发展体现出自身的强大的生命力，蕴含着深邃的学术宗旨和历史渊源。"祭祀的对象，自从被推上受人顶礼膜拜的圣坛之后，无论是圣人还是贤者，都已不再是简单的血肉之躯，而是道德的载体、道统的象征和文化符号。"②

文庙祭祀不仅是中国人尊崇孔子的重要体现，更是中华民族重视文教、传承道统的重要体现。简言之，祭祀只是一种方法和途径，教化才是最终的目的和宗旨。但无论是方法还是目的，文庙祭祀着眼的始终是现实社会，而非虚幻的彼岸世界。对于国家而言，祭祀是国家施行教化的重要手段和途径，通过祭祀之礼可以弘扬儒道，教化万民。由此可见，文庙祭祀的重要作用在于匡扶世道，教化百姓，最终达到社会安定有序的良好局面。而且，"祀所以昭孝息民，抚国家，定百姓也"③。除了有利于国家层面的长治久安以及社会层面的安居乐业之外，祭祀还有宣扬孝道的重要作用。但对于文庙祭祀而言，宣扬的不是孝道，而是孔子之道。"孔子之道，尧舜之道也"，即"三纲五常"宗法伦理之道。

① 《读通鉴论·卷十三·东晋成帝》。
② 徐梓：《书院祭祀的意义》，载《寻根》2006年第2期。
③ 《国语·楚语下第十八·子期祀平王》。

有利于强化等级秩序，维护社会稳定

文庙祭祀是古之大事，活动的对象、内容、程序等，都充分体现了传统社会的等级观念。首先，不同的祭祀对象对应着不同的祭祀物品、不同的献祭者等，而且祭祀的顺序有着先后、主次之分。其次，在同一所文庙中，不同的受祭者所享有的待遇是不一样的，这也充分体现了尊卑有序的等级观念。再次，不同级别的文庙，有着不同的祭祀规格、次数，祭祀所用的乐舞曲目和形式是有些许区别的，参与祭祀的主祭官也是不同的。例如，主持府、州、县文庙祭祀的都是当地的主政者，曲阜孔庙和北京国子监孔庙的祭祀则是皇帝派遣官员或者亲自前去致祭。所有这些，无不宣扬、强化着文庙祭祀活动的等级观念。这类观念通过隆重其事、定期举行的祭祀活动，潜移默化地渗透到中国社会的方方面面，维护了传统社会的稳定。可以说，这正是统治者热衷文庙祭祀、不惜劳民伤财也要举行活动的深层思想逻辑。

综上可见，祭祀作为中国古代文庙中最重要的一种活动，是隆重无比、风光无限的。历代统治者之所以大张旗鼓、不遗余力地举办此类活动，是因为通过这种活动，既传播和传承了儒家文化，强化了等级秩序，也维护了传统社会的稳定，影响了世道人心。正因如此，作为山东地区重要的教化之所，济南府学文庙在千年的存续历程中，始终将祭祀活动作为自身最重要的使命担当，在活动中渗透教化，在教化中熔铸世风，从而使山东成为享誉遐迩的文明之乡、礼仪之邦。

济
南
府
学
文
庙
的
教
育
教
学
活
动

　　如前所述，文庙在古代既是礼敬孔子、尊崇圣贤的祭祀圣地，也是传承经典、培养人才的教学机构，还是表彰贤达、教化百姓的褒奖之所。换言之，文庙既不是专门进行祭祀活动的庙宇，也不是纯粹进行教育活动的学校，更不是纯粹举办褒奖活动的大殿或祠堂。祭祀、教学与褒奖乃是中国古代文庙的三大功能定位，济南府学文庙自然也不例外。祭祀当然是文庙的首要功能，舍此不能称"庙"；但其他两大功能也不可或缺，否则就既难称"学"，也无以冠"文"。

　　在历史上，文庙总是与教育活动紧密相连的，往往"因庙设学""庙学合一"。孔庙能够变身为文庙，能够从曲阜一隅走向全国各地，正是得益于"庙"与"学"的相互结合。人们既在文庙内祭祀先圣先贤，又在文庙内学习礼仪文化，教育功能由此凸显。有鉴于此，在展示和分析了祭祀活动之后，还要关注济南府学文庙的教育教学活动。

　　史料表明，文庙不仅注重祭祀活动的仪规和程式，教学活动的安排也堪称完备。如康熙年间《五台县志》记载，文庙"其制则有堂以明伦，斋房以居士，斋夫以供役，学田以养廉，诗书以肄业，祭器以习礼，射圃以观行，月课黜陟以示劝惩，其所以养育而造就之者，靡不详且尽矣"①。具体到济南府学文庙的教育教学活动，我们主要从以下方面进行考察。

"教、学结合"之教育场所

文庙既然被赋予了教育教学的功能定位，就必然需要一定的教学场所。如前所述，明伦堂、尊经阁、泮池和泮桥、魁星楼、学署教官宅、射圃、四斋等，都是济南府学文庙中"学"的教育建筑。其中，学署教官宅是文庙中教官们（教授、学正、教谕、训导）生活与居住的地方，射圃是师生课外饮射交流、体育锻炼的场所，四斋是文庙学子自修读书的地方。以下对明伦堂、尊经阁、魁星楼、泮池和泮桥做重点说明。

大成殿与明伦堂是所有文庙中最重要的两大建筑。这不仅体现了文庙"庙学合一"的特征，其位置关系还是辨别学与庙布局的重要标志。济南府学文庙的明伦堂作为"学"的主体性建筑，是集读书、讲学、弘道、研究为一体的综合性教学空间。明伦堂主要向生员灌输儒家伦理道德，强化君臣、父子、尊卑等人伦关系，还是预备参加科考的士子们获取知识的讲堂，诵诗、读书、问学、辩德皆在于此。

除明伦堂外，尊经阁是文庙内另一重要教育场所。尊经阁相当于现代学校的图书馆，用以贮藏儒家重要经典，以供生员博览经籍，阅读研求。"尊经阁"一名自宋代开始使用，元代大量涌现。到了明代，"上自国学下至州县学，其育才之

① 中国科学院图书馆选编：《稀见中国地方志汇刊》（第4册），中国书店1992年版，第841页。

所皆匾以明伦，储书之阁皆名以尊经"①。尊经阁作为重要的藏书机构，其书本来源大致有三：一是朝廷颁赐，二是地方官府拨款购买，三是地方士绅的捐赠。另外，尊经阁虽然名曰"尊经"，但其所藏之书不仅仅是儒家经典，还包括朝廷的典章律令、子史百家，只是存放顺序上会有主次轻重之别。

魁星阁是文庙中常见的教育建筑之一，之中供奉的是魁星神。魁星神被供奉在文庙教育建筑魁奎星阁之中。魁星神形似鬼魅，赤发蓝面，立于鳌头之上，寓意"独占鳌头"。魁星神捧印执笔，用笔点定中试者的名字，即"魁星点斗"。唐宋时期，皇宫正殿台阶石板上雕刻着鳌与龙，状元站在鳌头位置迎榜，风光无限。魁星融合了众多吉祥意义，也因此，魁星阁常用于张贴科举榜文，以此激励学子求学上进。稍有遗憾的是，目前，在济南府学文庙中，魁星阁尚未恢复重建。

泮桥、泮池以及翠柏共同构成文庙内的"校园"活动空

济南府学文庙状元桥（郑保国／摄）

① 赵永翔：《尊经以明伦：明代儒学尊经阁的隐喻》，载《孔子研究》2015年第3期。

间。泮池上建有石桥，称为泮桥，又名青云桥。按古时礼俗，凡考中秀才以上功名者，都要绕泮池三周，以纪念孔子；中举人者更要在泮桥上挂满灯笼，并步行通过，取"登龙门"之谐音意。泮桥仅当朝状元可通过，因此又称"状元桥"。明清时期，秀才新入学时要在当地官员的带领下入文庙礼拜孔子，这个入学仪式称为"入泮"或"游泮"。由此，济南府学文庙中的双泮池在古代就不仅仅是景点或建筑了，更被赋予了特殊的文化意义。

"化民成俗"之办学宗旨

前已有言，文庙不只是祭祀儒家先贤的场所，还被作为传播儒家文化、形塑世道人心的重要阵地。众所周知，在汉武帝实行"独尊儒术"政策之前，儒家只是众多学派之一，并无特别突出的政治地位。在法家、道家被作为统治之策相继受挫后，统治者认识到，讲究等级尊卑、君臣父子、高明中庸、天人感应、以德治国的儒家思想特别有助于维护政治统治、整肃社会风气，因此，到了唐代，统治者巧妙地将礼敬儒家与传扬儒学结合在一起，使孔庙与官学合而为一，确立了"庙学合一"的教育体制，即所谓"自唐以来，州县莫不有学，则凡学莫不有先圣之庙"[1]。相应地，"化民成俗"的使命也就由以往的官学被悄然赋予了各地文庙。由此，"化民成俗"也就成为众多文庙教育活动的根本宗旨。

这一活动宗旨，在清道光年间编成的《济南府志》中多有反映。如康熙四十一年（1702年）正月，皇帝颁布《御制训饬士子文》，文中明言："国家建立学校，原以兴行教化，作育人才，典至渥也。朕临驭以来，隆重师儒，加意庠序。

① 《文献通考·学校考四》。

近复慎简学使，厘剔弊端，务期风教修明，贤才蔚起，庶几朴械作人之意。"①雍正四年（1726年）九月，皇帝亦颁布《御制训饬士子文》，曰："为士者乃四民之首，一方之望。凡属编氓，皆尊之奉之，以为读圣贤之书，列胶庠之选，其所言所行，俱可以为乡人法则也。故必敦品励学，谨言慎行，不愧端人正士，然后以圣贤诗书之道开示愚民。则民必听从其言，服习其教，相率而归于谨厚。……则民风何患不淳，世道何患不复古耶？"②正因如此，统治者才在大张旗鼓地举行祭祀活动的同时，也不遗余力地修明伦堂、建尊经阁。济南府学文庙还建造了独具特色的双泮池，给予读书士子和科举登第者优渥待遇、荣宠称号。

"恩威并施"之教育管理

文庙是中国古代官学的一种。自唐代开始，文庙中就建有以明伦堂为中心的教学区域。济南府学文庙始建于宋代，虽略晚于部分文庙，但从一开始就规制齐全，且规模后来居上。到了明初，各地文庙中"学"的建筑都已相当配套，相关制度也非常完备。然而，士子怠惰术业屡禁难止，师生议政之风时有发生。明中期以后，尤其自嘉靖后期，庙学"教官之黜陟，生员之充发，均废格不行，即使卧碑所列各种禁例，亦只是一纸具文。……凡饮、射、读法、膳会礼仪并一些规条课业，更是久已废置不行"③。在此情形下，统治者常常颁布意旨，命制卧碑，将其置于文庙明伦堂，恩威并施，以规范生员的日常活动。如明洪武十五年（1382年），"颁禁例于天下学校，镌勒卧碑，置于明伦堂之左，永为遵守……一切军民利病并不许生员建言"④。

① [清] 王赠芳等修，成瓘等纂，济南市史志办公室整理：《济南府志上·卷十七·学校》，中华书局2013年版，第395页。
② [清] 王赠芳等修，成瓘等纂，济南市史志办公室整理：《济南府志上·卷十七·学校》，中华书局2013年版，第396页。
③ 陈宝良：《明代儒学生员与地方社会》，中国社会科学出版社2005年版，第110页。
④ [清] 嵇璜等：《续文献通考·学校考》。

到了清代，设置卧碑之举更为常见，尤多见于顺治、康熙年间。众所周知，此时清朝入主中原不久，汉族士子反抗之风仍盛，因而官府对于文庙士子的训诫管束也就越加严厉。如清顺治九年（1652年）二月，礼部就依命镌刻《晓示生员》卧碑，置于文庙。为使读者全面了解统治者对文庙士子的管束之策，兹将卧碑全文照录如下：

朝廷建立学校，选举生员，免其丁粮，厚以廪膳，设学院、学道、学官以教之，衙门以礼相待，全要养成贤才，以供朝廷之用。诸生当上报国恩，下立人品。所有教条，开列于后：

生员之家，父母贤智者，子当受教；父母愚鲁者，或有非为者，子既读书明理，当再三恳告，使父母不陷于危亡。

生员立志，当学为忠臣清官。书史所载忠清事述，务须互相讲究。凡利国爱民之事，更宜留心。

生员居心忠厚正直，读书方有实用，出仕必作良吏。若心术邪刻，读书必无成就，为官必取祸患。行害人之事者，往往自杀其身，常宜思省。

生员不可干求官长，交结势要，希图越次进身。若果心善德全，上天知之，必加以福。

生员爱身忍性，凡有司官衙门，不可轻入。即有切己之事，止许家人代告。不许干与他人词讼，他人亦不得干连生员作证。

为学当尊敬先生。若讲说皆须诚心听受，如有未明，从容再问，毋妄行辨难。为师者亦当尽心教训，勿致怠惰。

군民一切利病，不许生员上书陈言。如有一言建
白，以违制论，黜革治罪。

生员不许纠党多人，立盟结社，把持官府，武断乡
曲。所作文字，不许妄行刊刻。违者提调官治罪。①

通观上文不难看出，其中既有劝勉，更有训诫；既有利
诱，更含威胁。正是通过这种赤裸裸的威逼利诱，统治者
对文庙士子的教学活动严加管束，以培养他们所希望的忠
顺良民。

"经史并重"之教育内容

文庙作为学文、习礼、论道之地，其本身即是一所特殊
的学校，有丰富的教育内容、专职的教官以及新进的生员。
隋唐时期，文庙以教授《礼记》《尚书》《春秋》《左传》为
主；宋元时期，文庙教授的内容为《诗》《书》《礼记》《春
秋》；明朝时期，在教授"五经"、诸史的基础上，又增加
了明太祖所作的《御制大诰》；到清代，文庙的教学内容为
"四书五经"，兼通"十三经""二十一史"。②除上述内容
之外，还须学习《卧碑文》《圣谕广训》《训饬士子文》等条
例。由此可以看出，无论朝代怎样更替，文庙教学的核心内
容基本没有太大变化，即以儒家经典为主，旁及诸史，再悄
然挟带统治者的个人著述。

现以元代为例，以窥文庙教学活动之一斑。元代文庙为
官立，教育内容有小学和大学之分。小学教育内容为《孝
经》和《小学》，其次是《论语》和《孟子》。③元代《庙学
典礼·行台坐下宪司讲究学校便宜》一文中，关于小学的教

① [清]王赠芳等修，成瓘等
纂，济南市史志办公室整理：《济
南府志上·卷十七·学校》，中
华书局2013年版，第393页。
② 广少奎：《斯文在兹，教化之
要——论文庙的历史沿革、功能
梳辨及复兴之思》，载《河南大
学学报（社会科学版）》2017年
第5期。
③ [日]牧野修二、赵刚：《元代
的儒学教育——以教育课程为中
心》，载《松辽学刊（社会科学
版）》1987年第3期。

学内容有如下记载："诸生所讲读书，合用朱文公《小学》书为先，次及《孝经》《论语》。早晨合先讲小学书，午后随长幼敏钝分授他书。《孝经》合文公刊误本，《语》《孟》，用文公集注，《诗》《书》用文公集传订定传本讲说。"①元大德七年（1303年），李师圣详细描述了当时师生学习读书的场景："虽有明伦之堂，而无明伦之人，可乎？……于是增广生员，重甲勉励，学校大兴，四方游学毕至。而其师所以严教，弟子所以向学，所以学者，一以小学、四书为课，其所以知趋向而期待矣。"②

在文庙教学中，小学以"四书"为主，大学则以"五经"为重。大学课程分为三个阶段：第一阶段以《大学章句集注》作为初期教材，学完之后即习"五经"，分别钻研《周易》《尚书》《诗经》《礼记》《春秋》各书；第一阶段之后进入第二阶段，开始以史书为主要学习内容，主要包括看《通鉴》，参《纲目》，观《史记》，研《唐书》；第三阶段的主要任务，是培养科考所需的作文能力，即进行策问、经义、古赋及古体制诏诰、章表的训练。

除以上教学内容外，元代文庙还有周密的教学活动安排，即朔望讲经、每日讲书。文庙朔望祭祀结束后，参与祭祀人员都要集中在明伦堂，由地方官、学官或诸生讲经。元至元六年（1269年），政府颁布《朔望讲经史例》，要求各路"如遇朔望日，长次以下正官同首领官率领僚属吏员俱诣文庙烧香，礼毕从学官主善诣讲堂，同诸生并民家子弟愿从学者讲议经史，更相授受"③。关于每日讲书，《行台坐下宪司讲究学校便宜》之"诸生每日仪式"一节有如下规定：每日教学分为四个环节，即讲书、诵书、试书、授书。讲书为第一环节，"直日与侍立各一人，以《小学》书及签筒置于

① 王颋点校：《庙学典礼》，浙江古籍出版社1992年版，第101页。
② 李师圣：《郑州兴学记》，见嘉靖《郑州志》卷六《艺文志》，中州古籍出版社1997年版，第151页。
③〔元〕佚名：《元典章·卷三十一·礼部四·儒学》"朔望讲经史例"条，中国书店1990年版，第470页。

书桌，……初开讲日，师先讲《小学》书第一章，次日诸生齐揖毕，侍立取签置师前桌上，呼其上姓名，闻呼者出班，自东方折旋入本位……毕，师复讲授第二章"；诵书为第二环节，"诸生就坐，诵所授书，或未通晓，起立拱手问师再说，或斋长先通，师令巡问诸生通否，务要熟讲精思，毋得率略"；试书为第三环节，"直日鸣钟，诸生各执书重行立于师前，以次就试，当试者以两手执书册度与师，或自执，或令斋长右立执之，试者揖毕，拱立念书，毕，复揖，向前取书册而退"；授书为第四环节，"以所读书分班次，如十人读《论语》，则十人为一班，直日鸣钟，序立如前仪，就师席前听授讲，毕，齐揖，以次退就坐，熟诵精思，或有疑问，如上仪"。①

济南府学文庙的教学活动便以上述教学安排为蓝本并持续数百年。资料表明，清朝时期，府学文庙中的教官每月都要召集诸生于明伦堂，首先讲读《卧碑》条文、《圣谕十六条》及《训饬士子文》若干条，以"隆学校以端士习，黜异端以崇正学，讲法律以儆愚顽，明礼让以厚风俗"②；然后，依照上述教学环节教授"四书五经"、《性理大全》《资治通鉴纲目》等书。每月、每季都有考试，称为月课和季考。月课、季考一般都以四书文为主，兼试策论。月课、季考的次日，教官要向诸生讲解《大清律例》中刑名、钱谷之类的若干条文。

"礼乐兼修"之教育活动

如前所言，文庙最重要的活动是祭祀，然而，学习祭祀礼仪本身就可视为文庙中的教育活动。所以，生员定期参与

① 王颋点校：《庙学典礼》，浙江古籍出版社1992年版，第101—102页。
② ［清］王赠芳等修，成瓘等纂，济南市史志办公室整理：《济南府志上·卷十七·学校》，中华书局2013年版，第394页。

济南府学文庙大成殿内部分乐器（郑保国／摄）

祭祀活动，在不知不觉中就能掌握祭祀的各种规仪。此外，文庙中还有诸多其他礼仪活动，如射礼、乡饮酒礼、成人礼等。文庙将礼仪与教育融合在一起，把礼仪之教贯穿于教学活动的各个方面，从中塑造人们的心灵，提升人们的信仰。

中国自古以来就是一个乐教的国度，乐（诗、乐、舞）也是儒家特别重视的一大教育内容。如上所示，祭祀活动的每个环节，都要演奏不同的乐曲。事实上，隋唐以降，历代王朝都为文庙祭祀制作乐曲，乐曲之名大都出自儒家典籍。如唐代用"和"，出自《礼记》"大乐与天地同和"；宋代用"宁"，出自《周易》"万国咸宁"；元代用"安"，出自《诗经》"治世之音安以乐"。文庙生员在学习祭礼的同时，利用编钟、古琴、排箫以及瑟、箎、笙、埙、鼓、磬等乐器演奏乐曲，使得祭礼祭仪与乐舞相结合，既能规范人们祭祀的行为，又能陶冶人的情操，给人以优美的艺术享受。目前济南府学文庙中陈列的乐器虽然多为现代仿制品，但依然可从一个侧面窥见古代文庙"礼乐兼修"的教学风韵。

文庙教育活动不仅包括研习礼乐，还有官员讲学以及学问交流。例如，明嘉靖三年（1524年），知州刘汝锐就在《郑州学田记》中称自己"奉命莅政之三日，祇谒学宫，修故事也。礼成而登堂与诸生论文。事竟，周览庙貌，垣墉朱甍，壮丽之盛，忻然乐之"。可以看出，刘汝锐等官员在闲暇之余，会到文庙讲学并与教官生员一起探讨学问。官吏到文庙烧香讲书，是国家要求地方长官"勉励学校，宣明教化"的一种办法，也是贯彻王朝传统的以郡守、县令为民之师帅，所以承流而宣化的精神。[①]

"科举考生"之养成重地

一切事物都会过时，但考试似乎是例外。在古代中国，金榜题名是士子一生的最大追求。儒生一旦殿试高中，就会"朝为田舍郎，暮登天子堂"。而使其身份和地位发生这种巨变的场所即是文庙。文庙是象征儒生成功开始的地方，是儒生由百姓变成官员的"起飞之地""蜕变之所"。[②]在文庙，学子"进足以臣吾君，而泽吾民；退足以化其乡，而善其俗"。特别到明清时期，统治者的各种规定使各地文庙更加成为培养人才的重要基地。

作为重要的官学场所，文庙与科举联系十分密切。济南府学文庙位于大明湖畔，与济南贡院相临。贡院是省一级的进行科举考试的场所与对科举考试进行管理的机构。济南府学文庙作为山东地区府级学府，承担了教育一方学子、输送合格人才的重任，正所谓"国家以求贤为务，风宪以荐贤为职，不可以不敏。乃具书币请官考试，必名实乎者，其一切监临之政，敬属明善公焉"[③]。在科举时代，读书人只有通过

① 张鸣岐：《金元之际的庙学考论》，载《北京师范大学学报》1990年第6期。
② 黄进兴：《孔庙祭祀：一个奇特的世界文化现象》，载《社会科学报》2015年第5期。
③ ［清］王赠芳等修，成瓘等纂，济南市史志办公室整理：《济南府志下·卷六十五·艺文一》，中华书局2013年版，第1825页。

院试，成为文庙生员，才能算走向仕途的第一道大门，即士子进身之始。进入文庙学习的生员能够享受很高的待遇，有免除徭役、见知县免跪、不随便对其用刑等特权。

具体来说，童生接到"红案"后，所在府、州、县署择吉日举行入学典礼，府、州、县官为新生簪花挂红，生员向府、州、县官行庭参礼，然后在府、州、县官的率领下，拜文庙，再到明伦堂前设香案望阙谢恩（遥拜当今皇帝），接着县官更换官服，入明伦堂，与学官行交拜礼。最后，新生入学宫见学官行拜师礼。入学后即受教官（教授、学正、教谕、训导）的管教。由于科举考试考的多是儒家文化，因此文庙教学多以传授儒学经典为主，如《大学》《中庸》《论语》《孟子》等。据道光《济南府志·卷四十·选举二》所载统计，仅有明一代，济南府即考中进士381位。在这些人中，今人耳熟能详的就有李勔、杨溥、黄臣、朱舜民、孙之獬等。这些精英秉承"为天地立心，为生民立命，为往圣继绝学，为万世开太平"的理念，为国家和地方作出了重要贡献。

"四库皆备"之文庙藏书

前已有述，尊经阁是济南府学文庙的一大教育建筑，是类似于今天图书馆的一处所在。既然教学是文庙的重要功能，既然文庙的教育内容是"经史并重"，既然文庙是科举士子的重要养成之所，那么尊经阁必然藏书颇丰。由于笔者目力所限，尚未查找到有关济南府学文庙藏书的史料记载。现以清代济南泺源书院为例，不厌琐细，将其藏书胪列如下（依原文顺序照录，不作藏书分类）。

泺源书院的藏书计有如下一百余种，两千余本：

　　御制《文集》一部，四十八本；钦定《书经》六本；钦定《诗经》二十三本；钦定《礼记义疏》八十二本；钦定《仪礼义疏》五十本；钦定《周礼义疏》四十七本；钦定《春秋传说汇纂》二十三本；钦定《春秋》二十四本；钦定《孝经衍义》一部，三十本；钦定《古今图书集成》一部，四百八十五封；御纂《性理精义》一部；钦定《数理精蕴》四十本；御制《律吕正义》五本；钦定《执中成宪》四本；钦定《佩文韵府》十九套；《日讲易经》十八本；《日讲书经》七本；《日讲礼记》十六本；《日讲春秋》十六本；《日讲四书解义》十本；《万寿盛典》三十六本；《千叟宴诗》三本；《易经注疏》一匣，八本；《尚书注疏》一匣，十本；《毛诗注疏》四匣，二十八本；《仪礼注疏》二匣，十八本；《周礼注疏》二匣，十八本；《礼记注疏》四匣，三十本；《左传注疏》四匣，三十本；《公羊传注疏》二匣，十二本；《谷梁传注疏》一匣，六本；《论语、孝经注疏》一匣，八本；《孟子注疏》一匣，十本；《尔雅注疏》一匣，六本；《书经大全》十本；《毛诗疏》十九本；《仪礼疏》九本；《公羊疏》八本；《四书大全》三十二本；《月令辑要》十二本；《朱子全书》二十五本；《朱子文集大全类编》三十二本；《二程全书》二十本；《史记》二套，十六本；《前汉》三套，三十本；《后汉》二套，二十四本；《三国志》一套，十二本；《晋书》三套，三十本；《宋书》二套，二十四本；《南齐书》一套，十本；《梁书》一套，八本；《陈书·周书》一套，十二本；《隋书》一套，十六本；《魏书》二套，二十本；《北齐》一套，六本；《南史》二套，十六本；《北史》二套，二十四本；《新唐书》五套，五十本；《五代史》一套，十本；《宋书》二十二本；《南齐》一套，十本；《魏书》十五本；《南史》二套，二十本；《北史》三套，三十本；《隋书》十九本；《唐书》十八本；《宋史》十套；《辽史》八本；《金史》二套，二十本；《元史》五十本；《通鉴纲目》四十五本；《纲鉴易知录》四十九本；《唐类函》十八本；《太平御览》十六套，一百六十本；《文昌孝经注》一部，二本；《庄子因》一套，六本；《抱朴子》一套，八本；《昌黎集》一部，十本；《河南集》四套，二十本；《苏文忠公诗合注》一部，十六本；《王临川全集》一匣，十二本；《蔡氏九儒》一套，八本；《频伽园诗文集》一部，六本；《阳明先生集要三编》一套，十本；《四书求是》一部，八本；《经义述闻》一部；《呻吟语节录》一部，二本；《切问斋文抄》一部，十本；《山左诗续抄》二套，十六本；《朱文端公广惠编》一部，一本；《李氏音鉴》一部，四本；《大清律》六本；《香树斋诗文集》一部，二套，二十四本；《玉茗堂全集》一匣，十八本；《陈明水集》一部，六本；《莲龛集》一部，六本；《科场条例》四本；《鸟鼠山人全集》一部，二十二本；旧《济南府志》一部，十六本；《潜研堂诗文集》一部，十八本；《科场条例》十七本；《空山堂全集》一部，三十六本；《忠雅堂文集》一部，四本；《忠雅堂诗集》一部，四本。①

由上可见，泺源书院的藏书可称是林林总总、无所不包，其突出特点至少有四：一是儒家经籍占比较大，与书院的宗旨定位相符；二是藏书基本可分为经、史、子、集四

① ［清］王赠芳等修，成瓘等纂，济南市史志办公室整理：《济南府志上·卷十七·学校》，中华书局2013年版，第418—419页。

部分，可称"四库皆备"；三是有不少"御制""御纂""钦定"本，皇家色彩突出；四是夹杂有清代法律文本和帝王的个人著述，如《大清律》《科场条例》《性理精义》《佩文韵府》《万寿盛典》《古今图书集成》等。由此，既可见书院藏书之多，亦可叹其存书之杂。需要说明的是，泺源书院是雍正十一年（1733年）始建的，由山东巡抚岳濬奉旨在省会济南建造，级别当然低于济南府学文庙，始建时间更远逊于后者。所以，从这座书院的藏书状况我们亦可断言，济南府学文庙的藏书必然也是既多且杂的。

济南府学文庙的社会教化活动

如前所言，祭祀、教育与社会教化（褒奖）是中国古代文庙的三大主要活动。所以，在展示了济南府学文庙的祭祀和教育活动之后，还需阐明其社会教化活动。所谓社会教化，就是统治者通过各种方式和途径，对社会成员特别是普通百姓施行的政治宣教、道德劝诫和风俗规约，从而在全社会形成一致的道德认知、道德行为，进而养成一定社会风尚的一种活动。

在文庙中建立乡贤祠和名宦祠，对贡献卓著、德行高洁的人士加以表彰，是各种社会教化方式中之效果最著的。正如有人所指出的："惩恶扬善是政治统治的两个基本手段，惩恶依赖于国家机器，扬善则有赖于民风的教化激励。在古代，文庙是承担这一重要责任的主要机构，能够起到'风励士子'的作用。"[1]可见，文庙的褒奖活动是垂范民众、促进社会教化的重要抓手，是实现社会的有序运转和统治长治久安的最有效途径。[2]

在文庙中褒奖奉祀先贤始于唐代。贞观四年（630年），

[1] 广少奎：《斯文在兹，教化之要——论文庙的历史沿革、功能梳辨及复兴之思》，载《河南大学学报（社会科学版）》2017年第5期。

[2] 郭闯：《宋代书院的社会教化研究》，河南大学2007年硕士学位论文，第15页。

唐太宗李世民下诏"州县学皆特作孔子庙",众多地方先贤也被列入祀典。从宋代开始,地方官学中建造了专门祭祀先贤的祠堂,与大成殿和两庑分设。按照规定,"凡生于斯、任于斯,居且游于斯",皆可"祠于斯"。即是说,此时乡贤与名宦并未区分,仍统称为先贤。自明代始,乡贤与名宦逐渐区分开来,规定"仕于其地而有政绩惠泽及于民者,谓之名宦;生于其地而有德业学行传于世者,谓之乡贤"①。即是说,乡贤乃是生于本地的著名人物,名宦则是仕于本地的著名官员。由此,名宦和乡贤褒奖体系逐步制度化,文庙中开始普遍设立名宦、乡贤二祠,不再专设先贤祠。公认为先贤的人物,则被移至文庙两庑之中,接受奉祀。

由宋至明,济南府学文庙中亦设有专门奉祀本地名人名宦的祠堂。可惜的是,由于自然风雨和社会战乱的影响,建于宋代的乡贤祠和建于明代的名宦祠到清末皆已不复存在,迄今也未恢复重建。但是,史料对这两座祠堂还是有所记载的,且详列了祠堂奉祀之人。兹从现有史料入手,首先详述两祠奉祀人物,继而对褒奖(社会教化)之标准、目的和影响做些论述。

造福一方:济南府学文庙名宦祠的奉祀人物

济南府学文庙名宦祠于明代设立,位于济南市圣庙巷西,奉祀的人物或任职于济南府及其下辖州县,或就任于山东其他地区。由于篇幅所限,此处不再对受祀人物的生平和贡献详作介绍,仅胪列其朝代、职守与姓名。

名宦祠的受祀人员共六十三位,计有:汉平原太守萧望之,平陵令刘宠,泰山太守李固,齐丞相曹参,青州刺史隽

①[明]俞汝楫:《礼部志稿·严名宦乡贤祀》。

不疑，渤海太守龚遂，平原文学匡衡，莱芜长范丹，泰山太守皇甫规、应劭，晋平原内史陆机，唐平原太守颜真卿，淄州刺史李邕，宋河北宣抚使文彦博，通判德州唐介，知齐州事曾巩、晁补之、范纯仁，齐州掌书记苏辙，签书齐州判官游酢，济南教授李若水，知济南府事张叔夜，元同知济南路总管府事赵孟頫，山东宣慰使董抟霄，明山东右布政使铁铉，巡抚山东都察院左副都御史年富，山东按察使司金事、学道薛瑄，巡抚山东都察院右副都御史徐源、徐从治、李近古，山东都指挥使平安，总督河道都御史刘大夏，按察司金事许逵，总督河道都御史潘季驯，山东布政使司右参议吕坤，左布政使张秉文，巡抚山东监察御史宋学朱，按察司副使周之训，济南兵备道布政右参议邓谦，历城县知县韩承宣，国朝（清）总督河东都察院右副都御史李荫祖，安徽巡抚协赈山东李钠，山东布政使王用霖，济南府知府罗文瑜，总督直隶、河南、山东都察院右副都御史张存仁、祖泽溥，巡抚山东都察院右副都御史蒋国柱、周有德，总督河道兼都察院右副都御史靳辅，巡抚山东都察院右金都御史徐旭龄、郎永清、佛伦，河东总督张鹏翮，河道总督陈鹏年，山东武德道布政司参议梁维枢、刘源湛，按察使胡文华，提学金事、翰林院侍讲施闰章，盐运使李兴祖，按察使宋荦，布政使喻成龙，提督学政徐炯、赵申乔。①

　　由上可见，能够列入名宦祠奉祀的皆为历代文化名人或政府要员，由汉至清，代不乏人。其中，有很多是人们耳熟能详的，如萧望之、曹参、匡衡、皇甫规、应劭、陆机、颜真卿、文彦博、曾巩、晁补之、苏辙、游酢、张叔夜、赵孟頫、铁铉、薛瑄、许逵、罗文瑜、佛伦、喻成龙等，皆为名垂史册的著名人物。将这些人物设祠供奉，立碑以记，不仅

① ［清］王赠芳等修，成瓘等纂，济南市史志办公室整理：《济南府志上·卷十八·祠祀》，中华书局2013年版，第442—443页。

能让后世民众铭记他们为济南和山东其他地方作出的突出贡献，还能形成崇善尚德之风、入世报国之志，进而影响世道人心。事实上，他们不仅被列入文庙供奉，其中一些人还被后人单设祠堂进行纪念，如人们为曾巩专建了曾公祠，为铁铉专建了铁公祠，为许逴专建了许忠节公祠，为罗文瑜专建了罗公祠，等等。这些祠堂多建于济南市区人烟繁盛之处，既供人们瞻仰，也化民俗民风。

显名于世：济南府学文庙乡贤祠的奉祀人物

与名宦祠一样，济南府学文庙乡贤祠也建于明代，建成于成化年间，奉祀的人物为生于斯、长于斯且德才兼备的贤人，或出外为官之政声显赫者。同样，由于篇幅所囿，也不再对受祀人物生平和贡献详作介绍，仅将其官职与名姓胪列如下。

济南府学文庙乡贤祠奉祀人物共六十位，计有：汉故秦博士伏生，汉博士张生，少府太子太傅林尊，江都相董仲舒，大司农高诩，唐太子太傅、知门下省事、梁国公房玄龄，中书令、蒋国公高季辅，灵州都督李君球，弘文馆学士、平原郡公员半千，义成节度府判官郭旷，检校尚书左仆射赠司空崔从，宋礼部侍郎赠礼部尚书周起，赠尚书礼部侍郎张揆，户部侍郎张掞，密州通判刘庭式，礼部员外郎、提点京东刑狱李格非，龙图阁待制、知徐州赠资政殿学士王复，刑部侍郎王衣，龙图阁待制、知江陵府赠少师辛弃疾，元山东行尚书省兵马都元帅赠太师、济南王张荣，东昌路总管、清河郡侯张焖，翰林学士、承旨赠齐国公刘敏中，济南新旧军万户赠彭城郡公刘斌，陕西行中书省平章政事、柱国滨公张养浩，翰林学士承旨张起岩，西行台中丞韩镛，明贡生高贤宁，户部尚书赠少保王佐，太子太傅、吏部尚书尹同仁，南京右都御史张鼐，南京户部尚书边贡，都察院左副都御史黄臣，太子太保、户部尚书葛守礼，山西按察司副使徐遥，河南按察使李攀龙，少保、武英殿大学士殷士儋，总督蓟辽宣大、兵部尚书王象乾，山西按察司副使陈九畴，河南睢陈兵备道副使贾希夷，太子少保、户部尚书赵世卿，陕西行太仆寺少卿邢侗，监察御史赠太仆寺卿袁化中，巡抚河南、都察院右佥都御史张泼，江西左布政使滨州杜诗，工部尚书杨梦衮，巡抚延绥、都察院右佥都御史王见宾，监察御史王与印，河南按察司副使陈载春，密云兵备道参议孙止孝，举人贾槐，济南指挥使李兴邦，国朝（清）总督直隶河南山东、兵部尚书兼都察院右副都御史朱昌祚，太仆寺卿孙建宗，江西临川县知县叶承宗，岁贡生张尔岐，文华殿大学士李之芳，总督福建浙江、兵部右侍郎兼都察院右副都御史朱宏祚，兵部右侍郎孙光祀，刑部尚书王士正，福建巡抚赠兵部尚书朱纲，岁贡生高凤翀。①

由上可见，能列入乡贤祠奉祀的也多为文化名人或历代要员，也可称由汉至清，代不乏人，可证济南确为人杰地灵之所。其中，如伏生、董仲舒、房玄龄、高季辅、李格非、辛弃疾、刘敏中、张养浩、张荣、张鼐、黄臣、王象乾、赵世卿等，皆为名垂史册的人物，皆是齐鲁大地民众的骄傲。同样，他们不仅被列入文庙供奉，也有一些人被单设祠堂加以纪念，如后人在济南府治东南为张荣专建了张忠襄王祠，在云庄（济南府城外西北五里）为张养浩专建了张文忠公祠，在济南西关天王寺内为张鼐专建了张公祠，等等。这些祠堂虽多毁于风雨剥蚀，但在历史上也曾起到过化育民众、

① ［清］王赠芳等修，成瓘等纂，济南市史志办公室整理：《济南府志上·卷十八·祠祀》，中华书局2013年版，第443页。

形塑民风、督励士子的作用。这正如明代学者所言："乡之先贤有以德行称者，有以风节闻者，有以文章著者，有以事功显者，然皆我之师也。"①

德高行善：济南府学文庙褒奖之标准

惩恶扬善，自古以来就是中华民族的行事准则之一。我国历代都不乏奸邪伪善之徒，这自有法律加以惩处；历代更有很多杰出的名宦和乡贤，对他们的褒奖方式是写入史书，从祀文庙。这些人或为官一任、造福一方，或廉洁奉公、忠于职守，或乐善好施、惠及乡里。对于这些人，历代通常的做法是生前下诏表彰奖励，死后则立庙褒奖奉祀。文庙所褒奖奉祀的名宦、乡贤必须满足"德"和"行"两个标准，"德"指品格高尚，道德为乡民所推崇；"行"即政绩卓越，善行被乡民所传颂。只有德行显著之人才能弘扬道德之气，抑制不正之风，激励感化民众，达到教化的效果。若是不加评判随意褒奖，不仅会失去民心，而且还会严重影响社会风气，使民众莫之所从。

国无德不兴，政无德不立，民无德不良。褒奖乡贤名宦，首先要坚持以德为先，为贤需要品德，为官则需要官德。其次，要以勋绩为重，为贤需要事迹，为官需要政绩，二者缺一不可。虽有政绩，但心术不正之官不能被褒奖；虽有品德，但行迹平庸之民亦不能褒奖。被褒奖的名宦、乡贤都是当时社会道德的典范，能够将自身的品行推及民众，真正起到引领官员、激励士子、感化百姓的作用。"大学之道，在明明德，在亲民，在止于至善"②说的就是这个道理。因此褒奖必须严格按照"德高""行善"的双重标准进行，做到宁

① [明] 徐一夔著，徐永恩校注：《始丰稿校注》，浙江古籍出版社2008年版，第248页。
② 《四书章句集注·大学章句》。

缺毋滥。

事实上，从明代开始，褒奖候选人员需要经过非常严格的"行状"评定、提名审核、公示选拔，报地方主官批复，最终由提学官行使最后的决定权。因为只要通观上文所录即可发现，虽然济南府学文庙的两祠受祀者数额过百，受祀对象貌似不少，但这涵盖了由汉至清的两千年，且受祀者既有山东本地之人，也有外地来此为官者，因此能入两祠受祀是极难的。

向善成贤: 济南府学文庙褒奖之目的

文庙一褒名宦，二奖乡贤，由此施行社会教化。建功立业、勋绩昭著，是为名宦；德行著闻、荣耀乡里，即为乡贤。名宦与乡贤都是对地方有垂范意义的社会贤达，大多起家于科举，扬名于官场。古人云："太上立德，其次立功，其次立言。"[①]对于本地名宦乡贤来说，无论是立功、立德还是立言，均足以垂范后人，流芳百世。文庙对他们进行褒奖和奉祀，意在提示和激励生员根据各自的志趣，学习其道德、文章和事迹，树立修身、齐家、治国、平天下的自信心和责任感，并且通过自身的努力来成圣成贤，成为文庙未来的从祀人物。这正如有人所感慨的："夫于民彝，世教有功，则不悖于圣人之道，祀之于此，宜也。"[②]由此可见，能入祀乡贤祠和名宦祠的，都是垂范一方、造福一方的贤能之士，是被时人和后人钦佩和感动的，入祀文庙实至名归。

褒奖就是树立一种榜样，倡导一种新风，引领一种方向。榜样的力量是无穷的，可以起到"润物无声"的效果。文庙内建乡贤、名宦二祠，褒奖本地德行显著、政绩突出之

① [清] 章学诚:《文史通义·原道下》。
② 国家图书馆善本金石组:《历代石刻史料汇编》（明清卷），北京图书馆出版社2000年版，第1233页。

人，不仅是为了肯定他们的人生价值，更是为了昭示后人要以他们为榜样，做到为官要有所作为，为民要敢于奉献。也即是说，褒奖的目的就是要后人见贤思齐、躬身自省。能被褒奖之人，一方面他们是贤达之人，德高望重，其身上所散发出来的传统道德力量可教化乡民、泽被乡里；另一方面他们是饱学之士，知书识礼，其具有的文化知识可传承乡民、造福乡里。

褒奖的目的是向善成贤，褒奖的实质是社会教化，是要用来对社会成员实行"化民成俗"、维系社会稳定的一种方式，教化的对象则是社会大众。历朝历代，统治阶层都将褒奖视为一种重要的教化方式。例如，早在秦代，秦始皇就在"会稽石刻"中提倡贞洁，并树立典范来表彰贞洁；唐代对于孝行卓著者除了要发布旌表之外，更是有物质方面的奖励；到了宋元明清时期，除了造旌表、立牌坊、编教材之外，还通过编小说、演剧本的方式来对民众进行全方位的教化。不难发现，随着朝代的变迁，褒奖的方式越来越多样化，但可以肯定的是，列入文庙、接受奉祀，乃是历代褒奖的最高形式，也是最受民众重视的一种方式。这是文庙自问世以来能历千余年而不衰的重要原因。

淳风美俗: 济南府学文庙褒奖之影响

文庙被褒奖的乡贤和名宦或是本地贤达，或是长期为官某地，其道德品行、处世为人、先进事迹都为乡民所熟知、所传言。虽然他们与后人生活的年代有所不同，但他们居住于同一片土地，呼吸着同一片空气。在他们之间，只有时间的远近、闻道的先后、贡献的大小，而没有空间的阻隔、文化的隔膜、语言的差异。地缘上的亲近，使得乡贤、名宦的激励比起空洞的说教更易被接受；成长背景上的相似，使得乡贤、名宦的榜样作用不仅可敬而且可亲可学。除此之外，乡贤和名宦还有助于当地民众加深对家乡人文历史的了解，增强对家乡的自豪感、使命感。所以，文庙褒奖一方面会对求学士子产生重大影响，激励干劲，追踵前贤；另一方面又能对民众发挥移风易俗的作用，淳厚乡风，化民导俗。

对求学士子而言，成圣成贤成为他们毕生的追求，死后入祀文庙则成为他们无上的荣耀。在这种信念的支撑下，文庙学子研习经书，砥砺品德，学做圣人。一旦金榜高中，学成归来，或为官一任，勤政爱民，造福一方，死后入祀名宦祠；或在乡为绅，遵纪守法，多行善举，死后列入乡贤祠。无论哪一种结果，都是莘莘学子梦寐以求的，都能使学子显名于时，流芳于世。

对当地民众而言，文庙为他们树立了忠孝、廉洁、向善、扬名的榜样。民众入文庙，拜贤达，谒其祠，感其德，念其善，仰其风，会默然以乡贤、名宦为榜样。由此，效仿之风必然遍及乡里，使民众学会为人须善，为吏尽责，为子当孝，从而达到淳风美俗之成效。正是有感于文庙的这种效果，明代大儒邹守益不无感慨地指出："国家章善恶以化民俗，制自守令择郡邑之德行道艺者，生以乡饮酒礼之，殁以乡贤祠祀之，昭荣辱，别赏罚，其劝戒至精也……有孝友者，廉洁者，有鲠直者，有宗正学者，蔼蔼然足以励俗矣……故章其孝友而俗知笃亲矣，章其忠义而俗知报矣，章其廉洁而俗不贪矣。"①可以说，这段话将文庙褒奖活动的社会教化作用表露无遗，将此评价用于济南府学文庙之褒奖活动也完全适合。

① [明] 黎晨修，李默纂：嘉靖《宁国府志·卷九·禋祀纪》。

以上从祭祀、教育、褒奖三个方面，对中国古代文庙的活动进行了专门阐述。济南府学文庙是我国众多文庙的一个缩影和代表，以上所论之于该文庙当然也完全合适。需要指出的是，文庙中的活动远不止于此，射礼、拜师礼、乡饮酒礼、望阙谢恩礼等，亦可视为文庙中的经常性活动，只是就其重要性和基础性而言，是难与祭祀、教育和褒奖相比肩的。即是说，祭祀、教育、褒奖乃是文庙最根本的三大活动。三者相较，祭祀活动更早，与文庙"庙"的属性更为契合，因而更具有原生态的性质。这是必须予以明确的。

虽然未能将济南府学文庙的活动完全反映出来，但仅从上述内容就可发现，作为古代士人活动的场域和精神家园，文庙通过祭祀、教育和褒奖活动，既促成了社会的稳定发展，实现了对于全社会的道德熏陶和风俗引导，又传播和传承了儒家文化，使之能够薪火相传、生生不息。究其实，文庙就是一个文化传承的特殊阵地，一所集多种功能为一体的特殊学校。有了这种学校，士子们就有了精神依托，教育教学活动得以实现，社会教化活动也能够有效开展。

历史从未消逝，总是以特有的方式为我们指点迷津。历史上，济南府学文庙从来就不是一个文化点缀，更不是一处旅游景点，而是莘莘学子的文化圣地，广大民众的精神守望。今天，如何涵养重道修德的传统，培养立志向上、奋发有为、向善行善、廉洁奉公等品格，都是极其重大的课题。在构建社会主义核心价值体系的今天，中国古代文庙活动的成功做法，仍然值得我们参考和借鉴。①

① 孔祥林:《崇德·报本·教化: 孔庙在中国古代社会的主要功能》，载《中国文化遗产》2014年第5期。

05>

与济南府学文庙
有关的重要人物

宋代人物

元代人物

明代人物

清代人物

济南府学文庙初创于宋熙宁年间，由齐州知州李恭（亦名李常）主持建造，坐落在明清济南府治西北，大明湖（旧称历水陂、莲子湖等）南岸。元至元年间，文庙重建于原址之上，并增扩学田，且于至正年间加筑院墙。之后，明清时期的历届济南知府或重修主体建筑，或扩建门坊亭台，各个时期的巡按御史、巡抚、知府、推官等地方官员亦参与文庙重兴修葺，或扩学田，或浚水道，或立碑题额，或慷慨解囊，使济南府学文庙的规模不断扩展，规制日趋完备，成为驰名遐迩的"齐鲁文衡""海岱文枢"。

　　济南府学文庙初建至今，已历千年。在传统士大夫的心目中，建国君民、化民成俗，本就是一项功德无量、青史留名的事业，兴庙建学这种极为神圣的工程，更有无数人或出谋划策，或主持其事，或出工出力，无不梦想能够参与其中。因此，参与济南府学文庙兴修事宜的人物实难尽述。在此，只能依据现有史料，择其要者略述如下。

宋代人物

李恭：济南府学文庙的始建者

济南府学文庙初创于北宋齐州知州李恭在任时期。李恭，又名李常，字公择，宋代南康军建昌县（今江西省永修县）人。年少时读书于庐山白石僧舍，后以进士入仕，长期出任地方官员，曾任江州判官、宣州观察推官、湖州知州、鄂州知州、邓州知州等，亦多次出任朝廷官员，如秘阁校理、太常少卿、礼部侍郎、户部尚书、御史中丞、龙图阁直学士等。在齐州知州任上，李常下大力气整顿地方治安，使社会风气大为改观。《宋史·李常传》记载："齐多盗，论报无虚日。常得黠盗，刺为兵，使在麾下。尽知囊括处，悉发屋破柱，拔其根株。半岁间，诛七百人，奸无所匿。"

熙宁年间，时值王安石变法。当时，李恭有感于"齐多盗"，即以曲阜孔庙为蓝本，率领工匠在济南大明湖南岸拆旧立新，兴建起最初的济南府学文庙。文庙初建时，尚无院墙、两庑、讲堂、尊经阁、棂星门、明伦堂等建筑，也无中规亭、中矩亭、戟门，因而规制还远未完备，但文庙规模已然初现，主体建筑大成殿已建成。大成殿坐北朝南，单檐庑顶，巍然傲立于宽阔的单层月台之上，成为济南市区最大、最高的单体古建筑。

元
代
人
物

赵孟頫: 再建文庙, 增扩学田

金贞祐年间（1213—1217），济南府遭受战乱重创，人民流离失所，经济文化凋敝，济南城空长达二十余年。在连年战争和自然风雨的侵蚀下，"天下莫与之比"的文庙亦庭院颓废，破败不堪。直至元世祖忽必烈执政时，战乱才逐渐止息，社会局势重归稳定，北方经济逐步恢复。在此背景下，荒废数十年的济南府学文庙重新得以修复。此次修复，贡献最著者是时任同知济南路总管府事赵孟頫。

赵孟頫，字子昂，号松雪道人，湖州人，南宋末至元朝初期著名的书法家、画家、诗人。赵孟頫自幼聪敏，读书过目成诵，下笔成文，闻名乡里。至元二十三年（1286年），行台侍御史程钜夫奉诏搜访遗逸于江南，举荐赵孟頫入京从政，之后受到元世祖、成宗、武宗、仁宗、英宗五朝敬重，曾任集贤直学士、兵部郎中、中顺大夫、中奉大夫、资德大夫、荣禄大夫、翰林侍读学士、翰林学士承旨等朝廷要职，亦曾受命为江浙等处儒学提举、汾州知州等地方官职，成为元初的著名官员。

至元二十九年（1292年），赵孟頫为回避朝中人事纷扰，主动请求外放为官，被朝廷任命为同知济南路总管府事。受多年战乱影响，当时济南民风散乱，教化不彰，社会秩序十分混乱。《元史·赵孟頫传》记载，济南"有元掀儿者，役于盐场，不胜艰苦，因逃去。其父求得他人尸，遂诬告同役者杀掀儿，既诬服。孟頫疑其冤，留弗决。逾月，掀儿自归，郡中称为神明"。一时之间，赵孟頫名气大振，受到民众的广泛称颂。

之后，有感于济南社会风气亟待整肃，在赵孟頫主持下，不仅修复了废弃数十年的济南路学文庙，修葺了大成殿等主体建筑，还增扩了若干学田，为文庙活动提供了较为充足的经费保障。

喜寿、忽里哈赤、李彦敬等：文庙垣墙的修建、重建者

路学文庙再建后，济南辖区内亦有不少人士热衷文庙事宜，或馈赠学田，或修筑垣墙，为文庙活动提供便利。其中，元天历年间（1328—1330）的济南路学教授孔之岩为文庙捐赠学田，至正初年时任济南路总管府副达鲁花赤（一作"达噜噶齐"，元代的一种职官称谓，掌握地方军事和行政实权，是地方最高长官，一般须由蒙古人担任）喜寿则主持增修了垣墙，使文庙建筑更为规整。

元至正六年（1346年），路学文庙的重修事宜提上地方官员的日程。此时距前次文庙修复已历十数年。由于济南地下泉水丰富，加之连年雨水冲刷，文庙中的很多建筑已显颓

势，垣墙则呈现出"壤疏而善摧，纡回而弗整"之貌。在此情形下，山东提刑按察司副使珊竹忽里哈赤、知事李彦敬等地方官员合议，应"撤其旧垣，审其夷巇，引绳取正，直方合矩"，对文庙予以加固，尤其对墙体实施"以石筑地，实坯叠甓"的大修。经热心人士的一番努力，垣墙不久告竣。大修后的垣墙长一千二百五十二尺，高一丈六尺，宽四尺，使文庙更显庄严厚重，巍然大气。

刘敏中、张起岩等：撰文立碑，记述庙学

崇圣敬儒、兴庙建学是中国古代的一大盛事，自然需要名人来撰文记述，勒石纪念。元代统治者也深谙此道。文庙修复工程告竣之后，需要文人雅士操刀撰文，刻碑铭世。在元代，参与此类事务最著名者当属刘敏中、张起岩。二人同为朝廷和地方要员，又都是山东人，因而为济南路学文庙撰文立碑之事自当责无旁贷。

刘敏中，字端甫，济南路章丘县（今山东省济南市章丘区）人，元初文学家、诗人、政治家。其父刘景石，元初仕于山东，为人所重。刘敏中自幼聪敏不凡，受到其父和乡里人士的赞赏，一生仕历世祖、成宗、武宗、仁宗四朝，曾担任中书掾、兵部主事、监察御史等职。因弹劾元初秉政弄权的桑哥，辞职归乡。不久又被召入朝，先后出任御史台都事、翰林直学士兼国子祭酒、翰林学士承旨等朝廷要职，亦曾出任山东东西道宣慰使、河南行省参知政事、陕西行台治书侍御史等地方官职。

元皇庆元年（1312年），刘敏中出任山东东西道宣慰使，受命撰写《加封大成至圣文宣王碑记》。刘敏中深知，

"大成至圣文宣王"是元代给予孔子的无上封号，是元代政治上的一件大事，为此撰写碑文更能流芳百世。他虽然自谦"鄙述""浅陋"，却对撰写碑文极为慎重，极尽心力。通观整篇碑文，除对孔子地位、业绩与影响大加尊崇之外，刘敏中更对朝廷兴学崇儒之事极尽颂扬。在刘敏中看来，"国家以神武拯斯民，以人文弘治道，凡户以儒籍者世复其家，民之俊学者复其身。中统、至元以来，通儒硕士，并进迭出，由是罢世侯，更制度，混一区夏，臣服绝域，典章礼文之懿，罔不备具"。而济南"界齐鲁间，于今为剧郡，为府，为东西一都会，故肃政廉访司治于此"。更应率先垂范，成为各地崇儒敬学、尊孔尚贤的首善之区。因此，在"元贞、大德，重熙累洽，自京师达于郡邑，庙学一新"的情形下，济南将朝廷崇孔之举立碑纪事于学，必能使庙学一新，达到"弦诵之声，盈于乡井"的效果。

刘敏中之后，记述元代兴庙建学之事最著名者乃是张起岩。张起岩，字梦臣，济南人，元代著名政治家、史学家、文学家。张起岩出身于仕宦之家，其高祖、曾祖、祖父皆曾出任山东地方重要官员。张起岩是元代首届科举状元，入仕为官四十余年，曾出任集贤院修撰、国子监丞、国史院编修、监察御史、礼部尚书、中书省参议、翰林院侍讲、翰林院学士等中央要职，亦曾担任陕西行台御史、燕南廉访使等地方官员。

至正六年（1346年），济南地方官员发起路学文庙垣墙重修事宜。竣工后，官员邀请张起岩撰文记事，立碑为志，张起岩遂撰述《济南路庙学新垣记》。《新垣记》云："济南府学在大明湖南，规制如鲁泮宫。……济南，山东上路、齐鲁都会，宪漕、二千石、三大府治所在焉。民物集聚，则其表率视效，实风俗治道之权舆也。"修复后的垣墙"郛如砥如，绳如翼如，言言秩秩，崇整完固，过者为之改观，他庙学所未有也"。对修复工程极尽赞美之辞。最后，此文赞叹道："今宪司总府于庙学垣墉整饰若此，则其明伦崇化、兴学育材，系于风俗治道之大者，可见也。"

明代人物

崔亮、陈铨、蔡晟、梁泽、章寓之等：明代前期济南府学文庙的改建、扩建者

经历了元末社会动荡混乱不安的局面后，明初统治者鉴于"所急者衣食，所重者教化"的统治需要，采用"治世宜用文""科举必由学校"的治国之策。这种重文政策被明朝历代帝王所延续。在此背景下，济南府学文庙屡屡得到扩容、修建或重修，从明初洪武年间一直断续延至明末崇祯年间。可以说，济南府学文庙今天的格局、构成和规模基本就是明代奠定的。其中，较为大型的修建工程就有十余次。鉴于主持此项工程者多为济南地方主官，且涉及人员较多，因而对于各位主持者的生平和任职状况不再细述，且将这些重要人物与文庙修建事宜大体分为明代前期和后期加以简述。

洪武二年（1369年），朝廷发布兴学令，并明令天下建文庙以祀孔子。在此背景下，原任中书省礼曹主事、迁任济南知府的北直隶真定府藁城县（今河北省石家庄市藁城区）

人士崔亮奉令主持修葺济南府学文庙。历经若干年战乱的影响，府学文庙日显破败，油漆斑驳，杂草丛生。崔亮组织人力物力，重修了大成殿，修造了文庙大门，随后延聘教授一人、训导四人主持祭祀与教学事宜，府学文庙的活动得以展开。

经过数十年风雨的侵袭，府学文庙的建筑已显老旧。明天顺五年（1461年），地方官员再次主持重修济南府学文庙。此次工程的主持者是刚刚上任济南知府不足一年的河南汜水县（今河南省荥阳市）人士陈铨。虽然文庙建筑的外观已显老旧，但主体建筑仍较为牢固完整，只是师生房舍已不裕所用。有鉴于此，陈铨此次主持的工程，主要是对文庙已有建筑进行了翻新整修，并增建了教师公廨和学生学舍，以满足文庙活动所需。

成化十年（1474年），济南地方官员再次组织人力物力，对府学文庙修整。此次工程的主持者是来自河南睢州（今河南省睢县）、于成化五年（1469年）考中进士的济南知府蔡晟。在蔡晟主持下，对府学文庙进行了远超以往幅度的扩修。此次工程，首先在大成殿前的庭院两侧，修建了长长的东西两庑。其次，修建礼制性的屏门，即今之海岱文枢坊前身，还在院落两端建造了钟英坊和毓秀坊两座牌坊。成化十九年（1483年），蔡晟组织人手在府学文庙内增建了庖厨、库房、廨舍、环碧亭，在东西两庑之内放置像龛和乐器，修建了褒奖地方贤达士绅的专门场所——乡贤祠，从而使文庙的祭祀和褒奖活动更加规范，社会教化色彩更为浓厚。

在蔡晟两度主持文庙扩修工程期间，梁泽于成化十三年（1477年）主持了对府学文庙的一次修整。梁泽是陕西三原县人，成化五年（1469年）进士，成化年间出任山东巡按御史。在梁泽主持下，拓建了大成殿、东西两庑，建造了戟门、明伦堂、棂星门等建筑，以后又重修数次。这些修整，使文庙的建筑规制日趋完备。尤其是明伦堂的修建，使济南府学文庙"庙学合一"的特色更为鲜明。

随着府学文庙活动的日益频繁，教学场地显得越加不足。不久后，地方官员对济南府学文庙又进行了一次小规模的扩修。此次工程的主持者章寓之，四川嘉定州（今四川省乐山市）人，弘治十五年（1502年）进士，曾任南京户部主事和郎中的济南知府。正德七年（1512年），章寓之率众在府学文庙内增建了讲堂，作为聚众讲学的场所。嘉靖十年（1531年），章寓之又在大成殿后主持修建敬一亭，作为文庙活动者的办公之所，济南府学文庙因之功能更为齐全，章寓之也被人尊称为"章济南"。

胡缵宗、沈烝、樊时英、顾燕贻、苟好善等：明代后期济南府学文庙的改建、扩建者

为了给文庙活动者提供更为舒适的环境，增加府学文庙的吸引力，山东地方官员充分发挥济南府泉水丰富的特点，为文庙注入源头活水。当地有人曾感慨说："泮池故有水潴，自国初至成化间，兹学七发文解，……恨无源头活水以来，惟泉水冬燠夏润，能免二恨。"于是，在各级官员的奏请下，嘉靖十三年（1534年）春，由陕西秦安县（今甘肃省泰安县）人、正德三年（1508年）进士、时任山东巡抚胡缵宗主持，联合山东巡按李松、历城丞马璠、学训朱继等地方官员，对府学文庙进行改建。首先，他们聚集民众，在屏门之

北开凿方塘，拓深拓宽庙中泮池，将珍珠泉、芙蓉泉引入文庙之中，注入方塘，三折而入泮池，之后引出庙外，汇于清河，由此使文庙环境得到了极大改善。其次，官员们还邀集工匠，建射圃于学宫之右，并对两庑、斋堂、学舍等加以翻修，"各随宜修葺，如新建然"。

万历二十八年（1600年），地方官员对府学文庙再次进行扩修，主持者是浙江桐乡县（今浙江省桐乡市）人、万历十一年（1583年）进士、时任济南知府沈烄。此次工程更加充分地利用文庙的地理优势，组织人力开凿了一条人工河——梯云溪，把墙外的芙蓉泉水引入到外泮池，并在棂星门的左右分别建起了方圆二亭，使府学文庙的景色更加美观。

天启七年（1627年），浙江钱塘县（已裁撤，在今浙江省杭州市辖域内）人、万历四十七年（1619年）进士、时任济南知府樊时英率众对文庙进行了更大规模的改建和扩充。此次工程除了将棂星门两侧的方圆二亭加以修葺并命名为"中矩亭""中规亭"之外，还将大明湖的湖水巧妙地从巽方（东南方）引入院内，建池储水，蓄金鲤，种桃柳，还在池上建造了灵巧毓秀的一方建筑——飞跃亭。此外，组织人力开凿了玉带河，把河水引入到内泮池，从西廊庑后面绕到尊经阁，东向而出。经此改造，府学文庙成为一处既端庄又雅致、既厚重又活力四射的所在，被时人盛赞为"自是先师神殿，崇严灿烂，廊庑拱峙，缦长翼舒……周垣培敦，屹如都雉；泮池浚深，环若辟雍"。

之后，虽然时至明末，但地方官员对府学文庙的改造依然断续进行。如崇祯六年（1633年），鉴于府学文庙的部分建筑有所坍毁，南直隶太仓州（今江苏省太仓市）人、崇祯元年（1628年）进士，时任济南知府顾燕贻奉诏重修府学文庙，但修建的具体内容不详。崇祯十一年（1638年），陕西醴泉县（今陕西省礼泉县）人、天启五年（1625年）进士，时任济南知府苟好善主持重修了文庙的大成殿、明伦堂，但其时已是明末，文庙活动已盛况不再，明伦堂亦最终毁于战火。

总之，终整个明代，在"治世宜用文"的国策背景下，济南历届主政者对府学文庙进行了度越前古的大规模整修和扩建，不仅使其规制日趋完善，而且奠定了济南府学文庙的基本格局。这些工程或见诸史料，或勒于石碑，极大地丰富了济南文化名城的历史内涵。

清
代
人
物

夏玉、黄元骥、张振伟、宋思仁、钱臻等：清代济南府学
文庙的修葺、扩建者

　　清朝不但是中国最后的封建王朝，也是历史上推动文庙
繁荣发展的最后一个王朝。清代尤其是清代前期，诸帝登基
之前，常常亲临国子监辟雍讲学，并常书匾额，悬于殿堂，
嵌之宫墙，护以碑亭。受此影响，文庙在清代得到了大规模
的扩建、重修和复建。

　　据相关资料记载，在政局较为稳定的清代前期，在历届
山东地方官员主持下，济南府学文庙不仅被多次修缮，而
且在大成殿前的东西两侧还各建了一座六角形的纪念性建
筑——御碑亭。康熙四十二年（1703年），济南府学文庙已
经具有相当规模，成为一个较为完整的文庙建筑群落。到清
朝末年，经过多次重修和扩建，已建成济南府城内规模恢宏
的古建筑群，其主要建筑除了中轴线上的棂星门、影壁、
大成门、大成殿，以及内外泮池、东西两庑等建筑外，还有

府学的明伦堂、尊经阁、中矩亭、中规亭，以及乡贤祠、节孝祠、名宦祠、崇圣祠和教官衙门等建筑，已完全具备了祭祀、教学和褒奖等职能。

济南府学文庙在清代的第一次较大规模的扩修始于顺治年间（1644—1661），主持者是顺治六年（1649年）以副都御史迁任巡抚都御史的夏玉。顺治十三年（1656年）春，夏玉率众对已显破败的府学文庙进行修缮。除对已有建筑进行修葺整理外，此次工程还疏浚了万历年间（1573—1620）开凿的已甚淤塞的梯云溪，于其上修造一桥，名曰"青云"；并在河畔建坊一座，名曰"腾蛟起凤"。第二次较大规模的修建工程于康熙年间（1662—1722）进行，主持者是福建晋江县（今福建省晋江市）人黄元骥。黄元骥于康熙二十三年（1684年）履任山东布政使，次年组织人力物力对府学文庙的已有建筑进行了一定程度的修葺，未增建新的建筑。

第三次较大规模的修建工程于康熙五十八年（1719年）进行，主持者是奉天襄平人、监生出身，康熙五十六年（1717年）履任济南知府的张振伟。按照时任太仆寺正卿戴璠的描述，府学文庙已呈现出"启圣有祠，已掩蔓烟之径；列阶为庑，几成瓦砾之场；戟门之戟摇风，棂星之棂卧地"之貌，所以，此次工程历时数月，对大成殿、明伦堂、尊经阁等进行了全面整修，并清扫了文庙整个院落，改变了"鸟鼠穴隙，风雨浸淫，篡翚竟飞，阶草可鞠"的破败状况。

再一次较为重要的整修工程于乾隆五十七年（1792年）正月进行，主持者是江苏长洲县（已裁撤，在今江苏省苏州市辖域内）人、贡生出身，于乾隆五十五年（1790年）担任济南知府的宋思仁。此次工程由宋思仁出资，主要对建筑依旧翻新，未做拆建之举。按照宋思仁自己的描述："计所补缀彩饰者四：大成门五间、棂星坊二座，东、西坊二座；撤其旧而新之者三：崇圣祠西庑三间，庠门三间，东角门一间；补缺者二：重塑西庑仙贤像三尊，补修先贤先儒像二十七尊，补筑庑后西垣七丈二尺。"此外，还在庭院中栽种了许多植物，共"植新柏十九本，间以桃、柳、槐、杏四十余本，旋绕玉带河两岸，其内、外泮池皆覆以新荷"，府学文庙的环境得到了改善。

第五次值得一提的修建工程于道光元年（1821年）进行，主持者是浙江嘉兴人、荫生出身，于嘉庆二十五年（1820年）调任山东巡抚的钱臻。此次工程规模较大，新建较多，由巡抚钱臻、学使李振佑领衔，率山东所辖十府二直隶州的有关官员和众多工匠，首先对府学文庙中的所有建筑进行了全面的翻新整修，继而于文庙南之"圣域贤关"坊内建门槛、筑石墙，中砌甬道，然后文庙之北建一长桥，由"德配天地""道冠古今"二坊直至下马碑，使府学文庙的规制更为完备。

济南府学文庙当代价值的彰显

- 大众对文庙认识的误区
- 文庙当代价值的彰显
- 当前济南府学文庙的主要活动
- 斯文圣境之地，传承儒学之风

通过对济南府学文庙的详细研究发现，文庙这一特定的场所既是祭祀圣人之处，也是学子效品励行的精神家园。在古代，文庙除了是用于进行祭祀活动的场所，还是地方官学进行学校教育的机构。除了祭祀与教学的功能之外，文庙还具有社会教化功能、科举功能以及褒奖功能。文庙为我国古代社会的稳定和发展作出了巨大的贡献。文庙的价值在古代得到了最大限度的利用和发挥。在当代，如何正确认识文庙并且将文庙的价值得到最大程度的发挥是一项重要的课题。不只是对于济南府学文庙，全国的文庙都是如此。

大众对文庙
认识的误区

随着社会的发展，人们逐渐认识到传统文化的重要性，儒家文化作为中国传统文化的重要组成部分更是受到了极大的推崇。文庙作为儒家文化的物质载体，承载着丰富的儒家文化内涵。当前，在全国各地兴起了重修文庙的热潮，不少专家学者也将研究的视角转向文庙。笔者通过调查了解发现，普通大众对于文庙还知之甚少。以济南府学文庙为例，笔者通过调查发现，附近居民与府学文庙只有一墙之隔，但是对于府学文庙的历史状况却并不了解。同时，民众对于文庙的认识还存在不少误区。

将文庙等同于旅游景点

当前，现存的问题是各地文庙侧重于文庙旅游资源的开发。文庙因其作为建筑类物质文化遗产的特性，具有作为旅游吸引物的条件。首先，当前大众对于文庙的认识过于狭隘，更多的是把文庙古建筑当作旅游景点进行游览，进入文庙拍几张照片，证明自己"在此一游"，然后就离开了，这样对文庙的认识并没有加深多少。其次，从文庙自身来看，文庙作为文物保护单位具有传承传统文化的作用，具有政府专项保护基金，但是许多文庙仍旧把门票作为创收的主要来源，这使得文庙成为当地经济创收的手段之一。

人们的这种认识误区，主要原因是对于文庙的不了解。提到文庙，人们多认为文庙是举行祭祀活动的场所。甚至，人们只知道曲阜孔庙是祭祀孔子的地方，但是除曲阜孔庙以外的其他文庙，人们就不知道作何用处了。这就需要文庙承担起在中国文化传承过程中的重要作用，弥补当代社会在传统文化知识上的匮乏性。对中国优秀传统文化、中国的物质文化遗产有一个全面而深刻的认知。

忽略了文庙的教育价值

在古代，文庙具有两大主要功能：其一是祭祀孔子及先圣先哲，其二是作为官学进行学校教育。在整个中国文庙发展史中，文庙的这两大功能贯穿始终，使得文庙成为中国传统文化的象征之一。直到清朝末年科举制废止，作为地方官学性质的文庙逐渐走向没落，因为学校不再为科举制度输送生员，也就使得其学校功能丧失。随之而来的是祭祀功能也随着时代的发展而被舍弃。即便这样，文庙的这两大传统功能仍影响着清末及新中国成立之后的很长一段时间，例如各地文庙在科举废止之后乃至新中国成立之后的一段时间里，曾经作为当地中小学的校舍。这足以证明，文庙的两大传统功能对世人的影响之深。

然而，当前文庙的文化教育价值被忽略掉，文庙更多地作为文物、古建筑而被欣赏观看，文庙的历史文化及其自身的价值被人们忽视。这就需要我们深入研究文庙的内涵，并将研究成果展示给大众，以期人们能对文庙有更多的认识。同时把文庙当作传播中华优秀传统文化和儒学的教育基地，对公众特别是中小学生进行道德教育和传统文化熏陶，培养他们对传统文化的热爱、对历史的尊重以及文物保护意识。通过一系列的教育活动在文庙中的充分呈现，人们才能意识到文庙的教育价值所在。

文庙当代价值的彰显

　　文庙的主体建筑及其碑刻匾额这些静态的建筑组成部分，能够留存至今，充分显示了其作为文化遗产的价值和魅力，文庙的每一处建筑，每一块匾额，每一通碑刻都有出处，都有来历，都有故事。文庙得以留存千年除却文庙建筑外，更重要的超脱于建筑规制之外的文化寓意和精神价值。从古代文庙的用途便可得知，文庙是进行祭祀活动、教育教学活动、社会教化活动、科举活动的场所，正是这些"人"的活动，使得文庙不只是静态的建筑，而充满了生命力。那么在当代，存在的一个非常重要的问题就是文庙作为正规学校进行教育教学活动的功能已经丧失，当前在文庙中举行的活动更多仅具有象征意义的韵味。作为文化遗产，文庙大多成为了旅游景点，人们走马观花地结束游览，收获甚少，文庙的活动更多地倾向于一种形式主义。对于文庙在当代的价值如何彰显，笔者思考了以下几点：

作为文化遗产的价值

文庙在我国有两千多年的历史，在璀璨的历史长河里，无论朝代如何更替，不管战火纷飞，文庙仍能留存下来，直到现代文庙高度发达的今天，依然显示出其强大的生命力。它是历史留给我们当代社会的珍贵的文化遗产，是中华民族的文脉之所存。

在二十一世纪的今天，我国经济飞速发展，已成为世界第二大经济体。随着中国经济实力的提升，综合国力的发展，中国越来越得到全世界的瞩目。中华优秀传统文化的魅力也重回大众的视野，受到了越来越多人的关注。近些年，"国学热""孔子热""回归儒学""回归传统"口号，早已成为一种热潮。每逢乱世，孔子儒学首当其冲；太平盛世，孔子儒学则会重新回归正统，被世人推崇备至。自古至今，无数的朝代更迭足见此规律。儒家文化历经几千年岁月的沉淀，发展至今，足以见得其生命力的强大。而且无论朝代如何更替，儒家思想依然是统治者所依赖所信仰的正统思想，儒家文化历来被认为是中华民族传统文化的正统。文庙作为儒家文化的物质载体在当代社会显示出了得天独厚的文化优势。

随着当今社会对中国传统文化的重视程度越来越高，文庙也引起了越来越多的人的关注，各个地方的文庙都经过了不同程度的开发和利用。但是，"开发绝非意味着将遗址当做旅游景点圈起来出售门票，而应当充分考虑文庙价值的利用和可持续开发。如果仅仅是将其作为旅游景点进行修缮开放，无疑是将文庙的价值极度窄化，不仅不利于文庙的真正复兴，而且也不利于中国传统文化的弘扬与发展"①。我们应该充分地认识到文庙作为文化遗产的价值。文庙作为文化遗产具有公益性质，所以文庙的开发不能只顾经济利益，而与其公益性质背道而驰。

作为学校教育的补充

文庙从本质上来讲是中国古代的地方官学即古代地方官办的学校。如今文庙作为官方学校的功能已经不复存在，已经成了游客游览观摩的项目。但是文庙仍然具有文化传承和文化认同价值及现实的文化教育功能。由于当前我国学校教育更加倾向于知识学习，因此，文庙在一定程度上可以弥补学校教育功能的不足，加强对学生的道德教育，以此作为对学校教育的补充。

在文庙里可以举行一系列的具有教育意义的活动，加深中小学生对于国学的理解。在庄严神圣的文庙中感悟中国传统文化的历史渊源，使得中小学生能够对中国传统文化有更深层次的了解与热爱。当前在各个文庙里举行的最为普遍的活动即为面向学童的开笔礼和面向青少年举行的成人礼。这里需要特别提到成人礼。成人礼的目的是表示参礼学子已经成年，应当担当起家庭和社会的责任。长大成人就要谨记父母师长的教诲，明确自己的责任。成人礼就是要用这种方式向社会告知，从此之后，每一位参礼者都要立志成人，担当重任。此外，济南府学文庙还举办过拜师礼，开展道德讲堂，举行一系列的国学推广活动，等等。可以说济南府学文庙在大力传播优秀传统文化，并与新时代的践行社会主义核心价值观的理念相契合。

① 广少奎：《斯文在兹，教化之要——论文庙的历史沿革、功能梳辨及复兴之思》，载《河南大学学报（社会科学版）》2017年第5期。

作为道德教育的圣地

文庙在古代承担着教化一方百姓的重任，对于教化百姓、净化民风起到了非常重要的作用。在当代把文庙作为道德教育的场所显得尤为重要。

把文庙作为当地进行道德教育的国学讲堂，使人们更深刻地了解儒家文化的魅力，在文庙近距离感悟古人的美好品德，从而触及自己灵魂深处的善。文庙的每一处建筑，每一块匾额，每一块碑刻都有出处、都有来历，哪怕庭院里的一块石阶都有故事。身处充满历史厚重感的文庙，可以洗涤人们浮躁的灵魂。面对文庙中圣人君子的牌位，思考历代名儒的高尚情操，可以在潜移默化中影响个人的品德修养，从而形成符合社会道德标准的规范行为。由此可见，文庙应该而且可以成为当今社会进行道德教育的圣地。

自2005年修缮以来，济南府学文庙的功能悄然发生着变化，从单一的文保单位慢慢承担起优秀传统文化的传承和普及教育的职能。最初文庙只是单纯以文物保护为出发点进行修复，后来响应市民呼吁，开始向"重点文物实现当代价值"的定位转变，依托济南优秀历史文化资源，传播优秀传统文化，实现活态传承。

目前，文庙打造了三大品牌活动，分别是春节前后的贺年会祈福活动、和谐中华海峡两岸经典文化推广会演和孔子文化节。除此外，先后成功举办了文庙讲堂、成人礼、开笔礼、首届济南泉水节泉韵茶香博览会、"彬彬君子"儿童公益国学经典诵读活动、论语书法比赛等文化活动，已逐渐成为弘扬中华优秀传统文化的阵地。

在文庙开展的很多活动，诸如"开笔礼"和"成人礼"这样以"礼"为核心的人文教育形式，结合了中华民族尊师重道和礼仪之邦的传统，事实证明可以作为青少年爱国主义教育及道德教育的一种有益手段，是对于文庙的文化遗产价值利用方式上的有益尝试和借鉴。

济南府学文庙自复建重修、重新开放以来，举行了一系列与传统文化、儒学相关的活动，对儒家文化的传承与发展起到了重要的作用。例如，我们所熟知的开笔礼、成人礼、国学讲堂等活动形式，在济南府学文庙开展开来。以下内容是对济南府学文庙当代活动的梳理。

开笔礼

开笔礼是中国古代读书人成长过程中的首次大礼。"开笔"也称"启蒙"，意味着孩童进入学习阶段。开笔礼是对学前儿童进行的一次尊师崇孔的启蒙式教育，对学童而言是一种心灵的洗礼和智慧的启迪。传统开笔礼由拜、授、教、赠等内容组成。拜意即敬拜孔子像，授即启蒙老师讲授人生最基本最简单的道理，教即教读书、教认字、教执笔、教写字，赠即赠文房四宝、赠祝福语等。在古代，开笔礼是极为隆重的典礼，对每个读书人来讲都有着重大的意义，与进阶礼、感恩礼和状元礼被称为古时读书人求学生涯要行的"四礼"。

文庙开笔礼的具体步骤：

正衣冠

《礼记》中有记载："礼义之始，在于正容体，齐颜色，顺辞令。"古人非常重视仪表，认为"先正衣冠，后明事理"。衣冠不仅仅只是意味着遮羞，更重要的是反映人的精神面貌。衣冠是让我们忆起先祖那些优秀品德的最好载体，也是让孩子们知书明理的第一步骤。

拜先师

学生们在先生的带领下，来到圣人先师孔子的神位前祭拜：双膝跪地，九叩首；再拜先生，三叩首。

朱砂开智

所谓"朱砂开智"，就是先生手持蘸着朱砂的毛笔为刚刚入学的孩子的额头正中点上红痣，又称之为"开天眼"。"痣"与"智"谐音，其寓意着孩子从此目明心明，好读书，读好书。

击鼓明志

所谓"击鼓明志"，就是通过击鼓表明自己的志向，击鼓的声音越响，声音传得越远，说明志向就越远大，其目的在于让孩子目明耳聪、茅塞顿开、创业建功。

济南府学文庙大成殿前的鼓（郑保国／摄）

启蒙描红

所谓"启蒙描红"，主要是让孩子在老师的指导下学写"人"字。之所以选择这个笔画简单而意义深远的汉字，是希望孩子们在人生的启蒙阶段学会做人，知道做人首先要堂堂正正地立身，要像"人"字那样顶天立地。

许心愿

孩子们将写着自己美好愿望的条幅系在红绳上，挂起来，预示着美好心愿将来必将实现。

开笔礼仪结束，标志着儿童正式入学，从此就要安心读书求学。

成人礼

除了开笔礼外，"成人礼"仪式的开展在各地文庙中也纷纷出现，成为文庙积极参与现实社会生活的又一热点。成人礼在古代男称冠礼，女称笄礼，是我国汉民族传统的成人仪礼，是汉民族重要的人文传统遗产。成人礼意味着一个人的生理和心理已经走向成熟，标志着这个人拥有了进入成人社会的资格，可以肩负起家庭、国家、民族和社会的责任。

古代男子冠礼多于宗庙内举行，女子笄礼多于家中进行。在当代社会，文庙因其蕴含的深厚传统文化积淀、浓厚的人文历史传承氛围，无疑成为举办成人礼活动的绝佳场所。

目前国内文庙已经开展成人礼仪式的有上海嘉定孔庙（始于2006年）、宁波慈城孔庙（始于2007年）、长春文庙（始于2007年）、哈尔滨文庙（始于2008年）等。而在此前，曲阜孔庙所举行的包含在其文化修学游和祭孔相关活动中的成人礼仪式也已经举办了数年，具有较高的知名度。各地文庙的成人礼仪式不尽相同，但基本都根据古代成人礼传统并结合时代特点加以编排。以长春文庙2007年首次举办的成人礼仪式为例，其程序包括企盼过泮桥、正途过棂星门、敬圣、大成过大成门、参礼成人礼、谢恩和祈福祈愿。成人礼活动适合16—19岁的学子参加。

济南府学文庙自开放以来，已经成功举办过多次成人礼活动，受到市民的广泛关注和一致好评。2010年9月28日是济南府学文庙历经新千年大修后对外正式开放，也是在这一天，在文庙大成殿前举行了庄严隆重的成人礼仪式。参礼的学生们迈过大成门，意味着追求德行与学识于一身，在大成殿前敬先师孔子、敬父母、敬师长。

文庙讲堂

借着"国学热"的时代潮流，各地许多文庙也积极行动，以文庙这个得天独厚、传统文化底蕴极为丰厚的地点为依托，兴起举办了各种"国学讲堂""国学班""国学交流基地""读经班"等，不一而足。不管称谓如何，其目的都是为了顺应时代潮流，更好地发挥文庙这种珍贵历史文化遗产所具有的传承和传播中华优秀传统文化载体的功能。

由中国孔子基金会主办、旨在整合各地文庙资源的文庙讲堂于2006年在济南举办，"文庙讲堂"的匾额由北京大学资深教授、东方学大师季羡林先生题写。文庙讲堂以济南府学文庙为龙头，整合全国文庙的资源，邀请知名学者讲授国学，传播优秀传统文化。2011年9月28日，首期文庙讲堂开讲。时任济南市政协副主席、济南市文物局局长、山东大学博士生导师崔大庸先生作为首期文庙讲堂嘉宾，为大家主讲了《漫谈济南府学文庙修复》。

除此之外，文庙讲堂活动还走进了校园。2018年5月21日下午，由济南市府学文庙管理处与平阴县博物馆共同举办的"国学进校园，经典进课堂"系列国学讲座第三讲走进了平阴县锦水双语学校，市府学文庙管理处主任吕智勇为师生分享了一堂题目为《儒家文化〈弟子规〉导读》的国学盛宴。吕智勇主任从儒家文化开始，而后引申到《弟子规》，对其进行了详细解读。《弟子规》是中国古代青少年的启蒙教材之一，其前身为《训蒙文》，后经清代贾存仁修订改编，改名为《弟子规》。

"国学进校园，经典进课堂"系列国学讲座活动，旨在全面贯彻落实党的十九大精神和习近平总书记关于文化工作的系列重要讲话精神，坚定文化自信，促进社会主义文化发展繁荣兴盛，更好地传承中华优秀传统文化。通过学国学、诵经典，引导同学们从小学习中华民族优秀文化，继承优良传统，增强素质，提高修养，知行合一。

府学文庙祈福会

府学文庙祈福会自2011年推出以来，以其创意独特、参与性强赢得了市民、游客的积极响应和社会各界的一致好评，也因此成为济南市弘扬优秀传统文化的重要活动。每年正月初一，府学文庙都会举行祈福开笔礼。2017年春节假期期间济南府学文庙还举行了中国古代清官廉政暨家风家训展、"记得住乡愁"油画展等展览活动，吸引了不少当地市民以及外来游客。

　　府学文庙祈福会也形成了一定的规定形式。祈福仪式正式开始，身着汉服的儿童在家长的带领和亲友的见证下"礼拜圣贤，祈福开智"，他们身着汉服、正衣冠、习礼仪；经过启户、献花、酹酒、读祝、行礼等礼拜圣贤仪式，以中华传统的礼仪，向先师孔子表达敬意，祈福泉城俊才辈出、继往开来；点朱砂寓意"开启智慧"、学童在家长的带领下执毛笔学写"人"字，在大成殿鸣响"启智钟"，完成启蒙教育的第一课，祈福学子学业有成。府学文庙新年祈福会成为济南市弘扬传统文化的重要活动。

斯文圣境之地，
传承儒学之风

　　济南府学文庙是除了曲阜孔庙以外山东省规格最高的府级文庙。通过研究济南府学文庙的发展演变脉络，来看整个山东地区的文庙，虽有不同，但又充满共性。其兴衰颓败，与当朝的文教政策以及统治者对儒家文化的重视程度有关。同时，科举制度也为文庙的繁盛作出了贡献，科举制度所需的人才需要文庙来培养输送，科举兴则文庙盛，即是这个道理。如今，文庙静静地伫立在城市的一角，似乎向世人诉说着这座城市辉煌而又沧桑的过去。

文庙：斯文圣境，儒风所在

　　当前，文庙得到社会各界越来越多人的关注，文庙不再是一座古朴沉寂的文物，不仅仅只是作为一个旅游景点供人游赏，而更重要的是利用现代化的技术，让文庙在今天发挥更大的作用。

　　济南府学文庙的变迁是山东地区文庙发展演变的缩影，

山东地区文庙的变迁则是中国文庙发展的缩影。每到王朝衰落、战争频繁、社会动荡不安的时候，文庙便疏于修理，破败不堪；每到天下太平、政治安稳，文庙又得以重现往日的辉煌。文庙历经千年的风雨飘摇，如今以崭新的姿态重回人们的视野，让人不禁感叹其强大的生命力。文庙作为中国传统文化儒家文化的物质载体，是一座城市的文脉和人们内心深处守望的精神家园。各地方政府，开始重修文庙，并将文庙的复建重修作为一项重要的市政工程来做，有的列为市级重点文物保护单位，有的评为省一级重点文物保护单位，以期重现往日的风采，以此来体现一座城市的历史积淀，增加城市文化内涵。

重建乡贤祠与名宦祠的意义

府学文庙的大部分建筑是参照古时济南府学文庙的建筑形制而建，但是跟古时相比，济南府学文庙缺失了乡贤祠、名宦祠。我们认为，在当代重建乡贤祠与名宦祠是非常有必要的。

首先，文庙乡贤祠中祭祀的是当地德行高尚的人物，通过文庙来祭祀乡贤，使一些百姓、士人见贤思齐，促成百姓向士人靠拢、士人向乡贤靠拢，有助于地方社会的发展和进步。[①]在古代，乡贤在地方社会中有着比较高的地位和声誉，并且他们大多是地方官员，心系百姓有政绩，福泽一方百姓。用他们的生前的事迹和德行来教育同乡的人，要比空洞的说教好得多。在"崇圣崇贤"的环境熏陶下，人们自然会规避自己的不道德行为，向圣贤看齐。

其次，得以入祀文庙乡贤祠是对德行高尚之人的一种褒

① 田冰、张玉娟：《明清河南乡贤祠的教化功能》，载《焦作师范高等专科学校学报》2009年第1期。

奖，这是无数士子梦寐以求的事情。在文庙中修建乡贤祠，并使之服务于当代则显得尤为必要。我国每年都会进行"感动中国"人物评选，即是对品德高尚的人一种褒奖，并以此激励国人，规范自己的行为，形成良好的社会风气。笔者思考，文庙乡贤祠和名宦祠在当代是否也可以被重新利用，赋予新时代的社会主义核心价值观。以济南府学文庙为例，重建乡贤祠、名宦祠，山东地区的乡贤、名宦得以入祀文庙，人们感怀乡贤、名宦的精神品格，以此提醒自己，严格要求自己，以圣贤之遗训，结合新时代之要求，做一个德才兼备、心中有善的人。

同时，济南府学文庙作为儒家文化的物质载体，对于儒学的传承和发展作出了不可磨灭的贡献，依托优秀历史文化资源，传播传统文化，实现活态传承。济南府学文庙在经历了复建重修、重新对外开放之后，先后举行了各种各样与儒学相关的活动，如"彬彬君子"儿童公益国学经典诵读活动、论语书法比赛等文化活动，已逐渐成为弘扬中华优秀传统文化的阵地。参加过文庙传统文化活动的家长对济南有这样一处文化圣地感到惊讶，对迥异于课堂的传统文化教育感到新奇，一定程度上带动了家长对国学的了解。

拥有九百多年历史的济南府学文庙，既曾是我国历史上府级文庙的佼佼者，又在新时代熠熠生辉。自2010年重新开放以来，文庙先后举办了第一、第二届济南市孔子文化节、"新年祈福会""和谐中华·海峡两岸中华经典文化诵读推广会演"和成人礼、开笔礼，以及各种与传统文化相关的书画展、艺术展等丰富多彩的公益文化活动。设在文庙内的文庙讲堂、明伦书院等国学讲习所日渐兴盛。文庙管理处还与多家高校及中小学合作，建立教学实践基地，汇聚了儒商文化研究会、诚信文化促进会、湖山书院等众多关心优秀传统文化的社会团体。①

　　济南府学文庙是记录教育发展、承载教育变迁、传承历史文化的重要物质载体，对于济南乃至山东地区的人才成长、文化发展以及社会进步有着非常重要的关系。文庙的保护和充分利用对于传播传统文化、弘扬儒家精神、促进教育与文化的发展具有不可替代的作用和意义。希望更多的人能对文庙有所了解，真正认识到文庙的古代功能以及当代价值，使儒学之风世代相传。

① 冯仲凯：《府学文庙：儒风长存》，载《走向世界》2014年第26期。

结语

文庙在我国已有两千多年的历史，其从最初曲阜的"庙屋三间"，到清朝发展成为遍布全国府、州、县的庞大的文庙建筑群，期间经历了太多波折起伏。其最终能存留下来，与历代统治者对孔子及所代表的儒家文化的推崇有莫大的关系。文庙的主体建筑大成殿，特别是曲阜孔庙的大成殿，其装饰堪比皇家宫殿，在历史上孔子也曾被推崇到"圣""王"的高度。总之，从古至今，文庙作为儒家文化的物质载体，对中国传统文化的传承发展起到了不可磨灭的作用。文庙中还留存有大量的碑刻、匾额、楹联，这些碑刻、匾额、楹联集雕刻、绘画、文学、艺术于一身，充分体现了我国古人的聪明和智慧，也使得文庙更具厚重的历史感。这些无声的建筑向人们诉说着文庙光荣而又辉煌灿烂的过去。同时为我们研究文庙提供了宝贵的资料，这也成为我们研究文物最为珍贵的史料来源，因为它们具有文献资料无法比拟的真实性。

起初，文庙只是用作祭祀孔子的场所，随着历代统治者对孔子的重视程度提高，在学校中祭祀孔子成为必需。可以说这也是"庙学合一"的起因之一。此后，文庙的功能发生了转变，其不再是专门祭祀孔子的地方，而具备了学校教育的性质，并且学校教育的功能由此占据了非常重要的地位。更重要的是文庙不只是一座建筑，其代表的是中华民族传统文化正统的象征。曾经在文庙里举行的活动丰富了文庙的生命内涵，使得文庙得以立体、鲜活。在这里的祭祀活动、教育教学活动、社会教化活动、科举活动、褒奖活动等促进了中国传统文化的发展，同时贴近了人们的生活，使得民风更加淳朴。

还有非常重要的一点，就是文庙从祀人物的增多。文庙从最初只是祭祀孔子，后来孔子有才能的弟子也得以进入文庙配祀，到最后发展成为四配、十二哲和东西廊庑中对儒家文化的发展和传承起到重要的人物。更为显著的是，在明代，名宦祠和乡贤祠移入文庙，这意味着乡贤与名宦同样可以入文庙被祭祀，这在文庙发展史上具有非常重要的意义。文庙历经战乱，留存下来的并不多，当前的文庙大都经过各地政府复建和重修。只不过，文庙不再是科举时代的学校，也不是传统社会祭孔的地方，更多地成为了文物保护单位。

济南府学文庙是近千年来我国文庙发展的一个缩影，其历经兴衰荣辱，如今静默地伫立在大明湖南畔，这一古老而又充满历史的厚重感的建筑，与作为现代化大都市的济南的高楼大厦似乎有点格格不入，像一位充满智慧的老者，洗尽铅华，默默地伫立在那里，看这座城市的人来人往、热闹非凡。但是无论时代如何变化，它依然是济南这座城市的文脉，是这座城市的根，是人们内心守望的精神家园。文庙的特殊之处又在于，它不是只具有观赏价值的文物，如何正确地认识文庙、利用文庙、保护文庙，值得人们关注和思考。

附录

加封大成至圣文宣王碑记

[元] 刘敏中

国家以神武拯斯民，以人文弘治道，凡户以儒籍者世复其家，民之俊学者复其身。中统、至元以来，通儒硕士，并进迭出。由是罢世侯，更制度，混一区夏，臣服绝域，典章礼文之懿，罔不备具。元贞、大德，重熙累洽，自京师达于郡邑，庙学一新，弦诵之声，盈于乡井。皇风炜烨，郁郁乎治，与古比隆矣！大德十有一年七月，制加孔子号"大成至圣文宣王"，播告天下。至大改元之三年，省台檄令在所勒石纪其事于学。

今年春三月，圣天子即位，诏内外学校废弛者，监察御史、肃政廉访司纠劾，凡以崇人文、谨成宪也。济南界齐鲁间，于今为剧郡，为府，为东西一都会，故肃政廉访司治于此。资善大夫、遥授中书左丞、廉访使阿都兀赤，朝列大夫、副使韩中，奉议大夫、佥事创兀儿，奉议大夫、佥事董璧，征事郎、知事冯德相与言曰："在今吾属以兴学为职，是邦孔子圣号犹未纪，不亟图，如学何？"总

172 | 173

府由监郡而下，盖尝有成议，未暇也，至是皆惊惧奔走。从事石具、府知事耶律行简、学正李克允抵绣江，致廉司总府，命以鄙述见属。敏中，郡人，不得以浅陋辞。谨按：唐玄宗开元二十七年，追谥孔子"文宣王"；宋真宗大中祥符元年，加"玄圣"，五年，改"至圣"；我朝大行皇帝加"大成"。

窃惟孟子"集大成"之言，谓孔子圣德之大成，能兼夫伯夷、伊尹、柳下惠三子之圣也。今即大成而言之，抑又有大者焉。夫小大之相形，固也，然小有尽而大无穷。大而至于无穷，大之大者也。天穹窿于上，地磅礴于下，大矣，然犹有睹也。若夫截然而四时行，蠢然而万物生，无朕兆，无声臭，无端倪，其所以变化斡旋、纲维主张者，可得而穷乎哉？斯不亦大之大也与？

天地生万物，圣人成万物。开辟而下，圣人继作。二帝、三王之世，其道大矣，然犹有待也。盖尧待舜，舜待禹，禹待汤，汤待文、武、周公，文、武、周公待孔子。周衰，大道熄，礼义无所措，万物不得其成，而孔子生。孔子乃犹删《诗》、定《书》、系《易》、作《春秋》。当是时也，圣德之蕴发而为事业，所谓弥高弥坚、瞻前忽后、奔逸绝尘者至矣，孰能知其所以然而然哉？逮夫删定系作，而后人始晓然，皆知如是而为天，如是而为地，如是而为君臣、父子、夫妇、兄弟、朋友，如是而为善恶、吉凶，可不可乱治、亡存，于是尧、舜、禹、汤、文、武、周公之道炳然矣。意者，天地之大，以尧、舜、禹、汤、文、武、周公肇人纪于前，以孔子握大中、判得失于后，而三才之极、万世之准，于是乎一定而无所待。

盖孔子之道也，其曰成焉者，可得而穷乎哉？斯不亦大之大也与？以是观之，我朝之所以崇奉吾圣人者，其可谓至也已矣。嘻！凡任持宪长人之责，皆能　焉昭盛典、宣圣化，所至如是，则见民从吏畏、善俗日兴，使玄髦青衿之子、黄发鲐背之叟，长育文明之泽，而涵泳升平之盛，诚千载一时也。传称邦其永孚于休者，不在兹乎？呜呼盛哉！

（［清］王赠芳等修，成瓘等纂，济南市史志办公室整理：《济南府志下·卷六十五·艺文一》，中华书局 2013年版，第1823—1824页。）

济南路庙学新垣记

[元] 张起岩

济南府学在大明湖南，规制如鲁泮宫。夏秋雨集，垣易圮。至元（至正？）六年庚辰秋八月，山东宪漕总府告朔于庙，宪副珊竹忽里哈赤、知事李彦敬，顾瞻郁文堂北牖坏堆积，问其故，学官对以"储之，待补缺垣"。于是金议垣旋圮旋补，壤疏而善摧，纡回而弗整，暂完而缺，役烦而扰，何若撤其旧垣，审其夷巇，引绳取正，直方合矩，则完整与庙学称。宪司、总府议既允协，府监尹倅属谋之郡人之尚义者，召工计度垣之高下广袤，则垣广于（千？）二百五十二尺，高可一丈六尺，广四尺。以石筑地，实坯叠甓，其垣墉污以白垩，覆之以瓦，郭如砥如，绳如翼如，言言秩秩，崇整完固，过者为之改观，他庙学所未有也。府学教授戴思恭等谓宜有记，来请于余。

余谓："自古在昔，建国居（君？）民，教学为先。盖教立，则人伦明，成德达财者众，风俗之厚，治道之隆，于是乎在，谓为承平之先务者，非泛论也。济南，山东上路、齐鲁都会，宪漕二千石三大府治所在焉。民物集聚，则其表率视效，实风俗治道之权舆也。今宪司总府于庙学垣墉整饰若此，则其明伦崇化、兴学育材系于风俗治道之大者，可见也。"余故不辞，即其实而为之书。

（［清］王赠芳等修，成瓘等纂，济南市史志办公室整理：《济南府志下·卷六十五·艺文一》，中华书局 2013年版，第1824—1825页。）

尊经阁铭

[元] 张起岩

惟人与物，同具此形。物得其气之偏，人得其气之灵。曰灵伊何？万物是生。一为所见之或蔽，则私欲驰骋而无极。圣人出而是正，敷天伦之叙，昭垂乎《六经》，所以为百王之观法，为万世之仪型。

贤哉张公，尹兹山城，构杰阁于泮水，揭尊经以为名。考其命名之本意，信乎见道远而烛理明。想其文化流行，洽于民情，礼让之风以兴，弦歌之声日听，力行乎正途而不倦，心醉乎至理而不醒。日新又新之无已，可不谓明德之维馨？若然，则公之化斯民也，庶几三年之有成。

彼其衒智能之末技，聚黄金而满籝；斫丧本心之善，能不抱愧而过斯庭？噫！池开偃月，楼高摘星。在一时为观美，曾不遗千载之余腥。金山可倾，阁不可倾；金山可平，基不可平。壮吾道之元气，至万世而峥嵘。青青子衿，于焉研精；来游来歌，请观斯铭。

（［清］王赠芳等修，成瓘等纂，济南市史志办公室整理：《济南府志下·卷六十五·艺文一》，中华书局2013年版，第1825页。）

山东乡试题名碑记

[元] 毛元庆

圣朝立德行明经科，以取天下士，于今十有一举矣。繇济南贡而选于春官，第于大廷，巍为伦魁，蔚为名卿才大夫者相望也，乡校乃未有题名。乡校之有题名，自至正十年秋始。初宪使中奉公八都等议曰："济南居山东上游，三岁大比，宣慰司所部三路十有三州、四十有六县之士，来试于兹。若峄州及滕之邹县、滕县，近虽割置淮东徐郡，而士缘故籍，贡试如初，岁之来者，不下四五百人。兹事至重，顾宣闽治益都，不获朝夕从事，郡府难独任。国家以求贤为务，风宪以荐贤为职，不可以不敏。"乃具书币，请官考试，必名实孚者，其一切监临之政，敬属明善公焉。公由胄监宿学，居天下进士第一，历官台谏，出贰宪府，德崇令肃。其莅兹役也，身先其劳，百执事受约束唯谨，革陋扶偏，礼士有法。故事，即郡治为试院，考试官同居黄堂之寝，而司宪居堂西，宣司居堂东，帘内合外弗专弗严。公曰："噫！非体。"乃避正堂而舍理官厅，宣慰同知别速坚舍经历司，而堂寝始通为帘内试官之居，其革陋者此。故事，三试官杂然阅卷，议或雷同，弗究厥心。公请依会试比，设掌卷职，三试官各即所次。卷至，悉已见其优劣，毕委掌卷，缄送覆评。已乃蜕封，从初覆互评不谋而同者，其扶偏者此。往岁监临者，恒患举人以挈，众莫能戢，又监卒或视荫迫以乱其思，举人亦弗便也。公部署卒徒，导士子即席舍，怗怗如在行伍，无敢失次。丰其饮食，使士气盈思充，得肆其力以效艺。其礼士有法者此。

粤九月二日揭榜，得士蒙古四人、色目五人、汉人七人，以充赋而备选者十有五人，从定额也。洪惟国家承平百年，文教浃洽，人才辈出，日新月盛。方山东数路之地，群数百人试之，而获选止此额，亦微隘矣。有能请于朝以增之，不亦宜乎？若夫接武前修，以大厥声，士之获选者，宜自惕矣。至正十年十月立。

（［清］王赠芳等修，成瓘等纂，济南市史志办公室整理：《济南府志下·卷六十五·艺文一》，中华书局 2013年版，第1825—1826页。）

重修济南府儒学记

［明］黄臣

　　济南府学设在省城，近年渐以敝缺。嘉靖丙申之春，金陵司马子泰初莅见之，惕曰："是郡惟吾是守，是学谓吾政是首。今若此，责惟在我。"乃白蔡巡抚公经、巡按张子鹏、藩臬长杨子维聪、陈子讲，暨各道守巡，厥议佥孚。既而巡抚胡公缵宗、巡按李子松各莅兹土，督之益力，乃鸠材庀工，诹日之良，召历城丞马璠曰："惟尔司厥出纳，戒毋浪。"召本学训朱继曰："惟敦厥匠事，戒毋惰。"由是，前自棂星门内，自文庙暨两庑，后自堂徂斋，自斋徂舍，各随宜修葺，如新建然。土著父老曰："泮池故有水潴，自国初至成化间，兹学七发文解，每科多首经。比其涸也，历年则否。恨无源头活水以来，惟泉水冬燠夏润，能免二恨。"乃曲引珍珠泉合芙蓉泉并流之，豫于学前；距屏之北鑿（凿？）一方塘，障以石栏；又将门内泮池广而深之。于是引二泉焉，凡三折而会之，方塘又三折而入之泮池，又三折而出之于学宫之外，以入之于源，载出之城，逾之清河，以会海终焉。拟洙象泗，以为多士笔下波澜之助。再为射圃于学宫之右，令饮射有所。此泉此圃一皆创为，顾不禅于兹学耶？逾三月而功告成，焕然改观，师模士气，一皆勃勃然鼓动兴起。逾年丁酉，果发解，符父老言。适晋江王孚慎中来董学政，曰："此我责，文宜我丐！"乃命黄生言曰："多师多士，若知修学之为功，亦知自修其学以成诸公之功乎？"

　　凡以学者，学为圣贤之道而已，请以修学为喻：圣贤之学，道德以为之地，忠信以为之本，仁以为宅，义以为路，礼以为门，廉以为垣墙，知以为渊池，高明以为堂，睿思以为窗牖，贞干以为楹，道艺以为榱桷陶瓦暨涂丹艧，士之一身所系之重如此，而以轻轻焉自视者，惑也。窃料今日之多士，必不肯也。况今圣人在上位，方以敬一阐明圣贤之道，大书深刻，揭诸学亭，有望于士如此之深，而以浅浅然自待者，罪也。窃料今日多士，必不敢也。夫其不肯厥志立夫其不敢者，厥功勋志立，而功勋庶几乎圣贤之道，且斯道至孔孟而止。孔孟之道有本原焉，有归宿焉。请以今日之所疏凿者，以明孔孟在川观澜之旨。东北地寒，但水皆水。予尝于隆冬至学，观之流动充满，渟澄湛彻，天光云影，上下徘徊，则源夏之润，可以测知。多士当思珍珠、芙蓉二泉，其出无穷，则知吾道有本原矣。思二泉之俱赴东海，则知吾道有归宿矣。既启其端，又要其止，是圣贤者为吾道之准，而自修者为学道之准。徒学焉，而不闻道，徒士焉，而不至圣贤，非朝廷立学之意，亦非今日修学之意也。且此学为山东首善之地，惟予简陋滥厕其间，衣冠而趋跄于兹十有余年。其余一皆豪杰瑰玮，后先相望，其文采之炳蔚、科甲之盛多，乃其素余诚有不屑于言者，故予于此举，喜多师多士，忻然有惟新之志，而将进之于圣贤之学也。复为古诗一章，俾于落成之燕歌之。诗曰：

> 万物一气，统于乾元。夫子之道，与之并尊。
>
> 峙山流水，莫地之厚。夫子之尊，与之并久。
>
> 鲁作泮宫，爰颂采芹。郑废士校，爰刺子衿。
>
> 攸废攸兴，更尸机轴。如彼栽倾，谁培谁覆？
>
> 师道欠立，自汉及唐。汉尚训诂，唐尚辞章。
>
> 吾道一脉，不断如线。洪惟我朝，文风丕变。
>
> 今上御极，度越百王。所师孔子，尧舜禹汤。
>
> 载扬文旄，载秉道轨。天下儒流，闻风而起。
>
> 今修兹学，庶民子来。弗病于农，弗病于财。
>
> 事神获蹢，校士获肃。其奂其轮，其致其蠱。
>
> 揽结秀色，学宫之垠。鹊湖春涨，华山秋云。

士志益高，士气益畅。华山秋云，鹊湖春涨。

伟哉兹举，淑我后人。后人触目，有感于心。

修学在人，修心在己。茂学凤成，以佐天子。

（［清］王赠芳等修，成瓘等纂，济南市史志办公室整理：《济
南府志下·卷六十五·艺文一》，中华书局2013年版，第1829—
1830页。）

重修济南府儒学记

［明］公鼐

环山以东为郡六，济南为大。其地络海岱、兼齐鲁，三分有
其二，幅陨数千里，地广而人众，人文盖甚盛焉。前世所谓泱泱彬
彬者，不具论，而入明以来，独甲于江北诸路。即历城所产，如恭
简、文庄之事业，庭实、于鳞之文章，此特著者。其他名公巨卿接
迹媲美，春秋科第动逾十余数，非他郡邑所可望。盖以其山川嶙
丽，土田饶腴，清淑郁勃之气凝为醇庞，发为光烨，其才之卓见叠
出，钟为世用，非偶然也。然揆厥所源，培植而加之厚，琢磨而翼
之成者，盖必有自，则庠序乐育之功，不可诬矣。济旧有学宫，
在郡治之西，子午适中处。其左为德邸王宫，右为贡院。藩司之
署，缭垣周密，台殿巍壮，寝阁廊庑之宇，一一整列，泺泉交流，
交汇其前。棂星之外，凿为泮池，清流泠泠，直入宫后而北折。齐
都万户，此为项领，故士子生于斯者，幼而洵美，长多奥逸，磊落
不凡，有雕龙飞兔之风。古人所谓地灵人杰、假物以为用者，有是
哉。但此宫乘传日久，二百年来，修葺不一，稍废且兴者数年，属
者远迩多事，以岁之不闲、财用之不给，主者不及以时，堄饰渐成
颓坏，垣拔台歇，殿堂蟠缺，斋舍半废，泮池淤沮，填为污莱。青
衿遇祀祭会讲之日，蒿立而草处，以圣贤俎豆之场、学士毓灵之

地，而极目榛芜，识者忧之而未易举也。会中丞大梁王公来镇东方，居二年，宣布和德，恢弘远略，内安外攘，四履谧靖，文事武备，庶务毕举，祯集岁登，公私裕如，保厘之余，加意儒教。每接诸生于幕府，勉其勤思而正其肄业，诸生无不悦心满志者。一日来祠宣圣，踌躇四顾，喟然叹曰："壮哉灵异之区，盛哉贤俊之薮，而泮宫黉舍，何不称也！"或以时方多故、日不暇给，告公曰："坎其盈矣！时且平矣！岂是巍巍者而不早建，莅兹土者有余恧焉？"于是，穆然深思，念可与计者，惟济南郡守樊君。樊君，古越名士，正直清惠，敏优于为，而诚速于感。王公先捐若干金为倡，而樊君受事惟谨，撙节毖慎，以总其成。郡丞苏君佐理之，选植度用，鸠工庀材，铢省寸积，费无溢隙，朝课夕阅，工无闲暑，地不知改作，民不知兴役，未几月而告成焉。

自是先师神殿，崇严灿烂，廊庑拱峙，缦长翼舒；斋居号舍、牺牲酿爨之所，既完且坚；增篚铸器，靡不鲜缋；周垣培敦，屹如都雉；泮池浚深，环若辟雍。其费不知有新，其功则倍于旧。且堪舆形胜，巽水最吉，兹引德邸泉源，灌溉璧池，复由宫达河，巽泽环萦，灵秀特奇。将来巍科鼎元，接踵而起，有不可更仆数者。告成之日，公服冕执笏以入，藩臬以下诸司庶僚云集景从，全齐百万之众摩击欢呼，乐观盛会。当祭之时，风敛雨收，天日融朗，庆云见瑞，景星耀明，圣贤来格，在上在旁，若斯文之在兹而至道之自睹者，岂非盛世之义举而吾道之丕绩也哉！余闻而踊跃，以不得躬逢意歉如也，欲督垂久，以识不朽之业，乃作颂曰：

天眷东顾，海澨岱崇。周太启土，勋巍道隆。

文学天性，泱泱大风。笃生尼父，万事君宗。

上师下法，冕藻学宫。肫肫济源，为齐都会。

风气淳庞，山川嶕峣。圣域宅中，毓灵孕瑞。

倚藉湖山，俯视阛阓。斯文在兹，宏硕攸萃。

何昔巍焕，乃遽离披。台倾池涸，垣颓级夷。

声振渐郁，美富可窥。章缝失次，弦诵凄其。

神之怨恫，或在于斯。巍巍中丞，文武为宪。

春秋荏止，永言兴叹。毅然率先，贤侯是赞。

经始乐成，鼎新旧员。数仞之居，突如一变。

广殿博敞，配彼灵光。周垣翼翼，泮水洋洋。

崇庑邃舍，井列萁张。东序西序，上庠下庠。

及门过化，江汉秋阳。道待人行，功以时立。

尚父仲山，共兹丕绩。千载垂休，四方作极。

芝兰丛生，羔雁云集。阙里稷门，斯焉偕则。

美哉公功，远矣明德！

（［清］王赠芳等修，成瓘等纂，济南市史志办公室整理：
《济南府志下·卷六十五·艺文一》，中华书局 2013年版，第
1830—1831页。）

重修济南府学文庙记

[清] 戴璠

从来有关于方舆民事者，端赖良有司。时其缓急，慎其政典，
而后不至于缺且废。而况宫墙泮壁之重，观政者因之以计短长、课
得失，其所系于令典至重也。我皇上崇儒重道，人文蔚起。文庙在
郡者，太守主之；在州邑者，牧与令主之。则钟鼓笾豆之司，诗书
羽籥之习，皆所以造德而育材。自三代建学以来，于今为烈焉。

济南会城之庙，修废无常，迩来渐就颓坏。若大成殿，若明
伦堂，若尊经阁，鸟鼠穴隙，风雨浸淫，檐翚竟飞，阶草可鞠。幸
今方伯王公初下车谒庙日，目击心伤，急为重葺。庙貌完备，间植
松柏，葱郁成行，可谓先其所急矣。迨我郡守张公至，五马行春，

二年求瘼，每省牲、视濯、步屧、周视，见启圣有祠，已掩蔓烟之径，列阶为庑，几成瓦砾之场；戟门之戟摇风，棂星之棂卧地；两坊市近，卑隘而失观；一木南来，塞淤而藏垢。而又云坊零落，不比岿立之灵光；石桥圮倾，莫询环流之玉带。其何以称齐州大都会而兴起泱泱之风也哉？惟公慨然叹之，复毅然任之，曰："是我之责也。"方岁稔，而鸠厥工，且庀材，而求其备。低者昂之，而榱题鳞如；少者益之，而枃楔翼如；崩者甃之，而湍激轮如。丹艧翻新，壁垒合度，巍峨之势凌云，宏丽之模蔽日，盖因之而实创也，亦悉力以构，而民不知为劳也。

昔李觏作《州学记》，曰："俾尔由庠序践古人之迹，天下治则谭礼乐以范吾民，一有不幸，先当仗大节，使人有所赖，且有所法。若其弄笔墨以徼利达，岂徒二三子之羞，亦以有国者之忧。"噫嘻！今之宫墙俨然，頖璧俨然，凡吾怀铅握椠、鼓箧横经者，朝丁斯，夕于斯，其各勉为敦率守先圣之道，以俟其时，则我守之功顾不朽哉！张公，讳振伟，字御传，奉天襄平人。己亥年三月兴工，七月告竣，工料共捐俸九百余金。撰文者谁？太仆寺正卿郡人戴璠也。书丹者谁？邑庠食廪诸生杨枝繁也。督工者谁？郡掾吏、满朝臣班之强也，例得并书。

（［清］王赠芳等修，成瓘等纂，济南市史志办公室整理：《济南府志下·卷六十六·艺文二》，中华书局2013年版，第1857页。）

济南府学名宦题名碑记

［清］李永绍

考周秦以上，无济南之名。有之自汉，以亲子弟王齐始。夫济南之地，为谭子，为祝，为肥子诸国，孟子谓太公封齐，限于百里，此皆所云五侯九伯之地也。自秦汉郡国以来，维国有相。若曹平阳之为相,则从其国;维郡有守,若萧望之之为守,则从其郡,不可紊也。然济南,附郭、省会,不独近代中丞大吏与方伯,廉察诸寮专征弼教之治皆在也,即古之官于其地者,若隽不疑、龚遂、皇甫规、应劭、颜真卿、赵孟頫之为太守,李邕之为刺史,文彦博之为宣抚,匡衡之为文学,陆机之为内史,曾巩、范纯仁、晁补之为州,韩琦、唐介之为判,苏辙之为书记,范丹、许逺之为令,刘大夏、潘季驯之治河,铁铉、平安之为布政使、都使,此皆载之简编,班班可考者。嗣后循良岂无人?但自明末屡被兵变,文献无存,或传其遗而不尽悉其人,或悉其人而不知其治,类若以讹传讹,是谓欺世。余自列史馆,见闻必考其真,从不敢溢美,将欲信今而传后也。兹者之建题名自汉始,从人人之所共知者为断云。康熙六十年岁次辛丑八月下浣之吉,户部左侍郎李永绍撰文。

（［清］王赠芳等修,成瓘等纂,济南市史志办公室整理:《济南府志下·卷六十六·艺文二》,中华书局 2013年版,第1857—1858页。）

重修济南府学记

［清］宋思仁

乾隆庚戌秋,余自泰安量（置?）移济南,谒先圣朝,见内外多残剥,实守土之责也。其时初抵任,匆匆未暇修葺。既而以最绩赴大部,又未及修。比回任,出所受禄米资,授府学新城两学博董其事,庀材鸠工,择其尤要者,先为修整。计所补缀彩饰者四:大成门五间,棂星坊二座,东、西坊二座;撤其旧而新之者三:崇圣祠西庑三间,庠门三间,东角门一间;补缺者二:重塑西庑先贤像三尊,补修先贤先儒像二十七尊,补筑庑后西垣七丈二尺。又,庙内外老柏多枯,植新柏十九本,间以桃、柳、槐、杏四十余本,旋绕玉带河两岸；其内、外泮池皆覆以新荷，庶足为多士陶咏之地。伫见人文蔚起，科第联翩，以副国家械朴菁莪之化。是役也，费减而工速，自正月二十四日开工，至二月初六日告竣，工料资用所需不过三百金。谨志其时日，刻石而嵌诸壁，以为续守斯土者之倡率云尔。乾隆五十七年岁次壬子仲春下浣，济南知府长洲宋思仁撰。

（［清］王赠芳等修，成瓘等纂，济南市史志办公室整理：《济南府志下·卷六十六·艺文二》，中华书局2013年版，第1865页。）

加封孔子制诏碑记

[元] 刘敏中

天地生万物，人居其中，而物皆役焉，故人为万物之灵。人之中有谓之"圣"、谓之"贤"者，而人皆下焉，则圣贤又人之灵也。彼圣贤，其生也，有神明仁哲之用；其没也，有盛德大业之著。是以历代盛王，莫不取古圣贤德业之所在，祠祀之，封崇之，使一世之人有所景仰则效，迁善远罪，骨化而成于治。而圣贤之中，与造化同浑融、与天地相始终者，独惟孔子焉。故其子孙袭世爵，祠祀遍天下，而褒崇之兴（典？）愈远而愈加也。盖自汉而下，曰"侯"曰"公"，唐开元间，始王号"文宣"，宋加"至圣"，我朝加"大成"焉。"大成"之义，盖取诸《孟子》，其所以尊奉圣人者，于是至矣。

邹平庙学将勒制书于石，监县以其属请曰："愿有述。"惟邹平古名邑，汉有伏胜，尝以《尚书》授晁错，今名其乡曰"伏生"；宋有范仲淹读书长白山中，今号其山曰"黉堂"，而民皆祀之。所谓"景仰则效"者，可以概见。况乎大圣人之号，揭于至隆平之时，民之视听，必为之一新，不啻开霁之睹日月、当春之闻雷雨也。其秉彝之好，油然于中，感动兴起，有不期然而然者矣。为之师帅者，从而布宣朝廷，所以尊奉圣人之意，开导、劝奖、休养而培植之，则一邑之治，期月之间可不劳而致。夫如是，当复有大儒如伏生、大贤如范公者出，而为他日治效之应。呜呼！圣人之道、帝王之制，大矣哉！

（［清］王赠芳等修，成瓘等纂，济南市史志办公室整理：《济南府志下·卷六十七·艺文三》，中华书局2013年版，第1895页。）

主要参考文献

（一）古籍

[1][东汉]许慎.说文解字.北京：中华书局，2013.

[2][东汉]郑玄注.礼记.北京：中华书局，2015.

[3][金]孔元措.孔氏祖庭广记.济南：山东友谊出版社，1989.

[4][明]徐一夔著.徐永恩校注.始丰稿校注.杭州：浙江古籍出版社，2008.

[5]国家图书馆善本金石组.历代石刻史料汇编（明清卷）.北京：北京图书馆出版社，2000.

[6][清]王赠芳等.济南府志.北京：中华书局，2013.

[7][清]沈廷芳裁定.胡德琳总修.李文藻等纂辑：《历城县志》，乾隆三十八年新修。

[8][清]段玉裁.说文解字注.北京：中华书局，2013.

[9][清]徐松辑.刘琳、刁忠民、舒大刚等点校.宋会要辑稿.上海：上海古籍出版社，2014.

[10][清]张廷玉.明史.北京：中华书局，2015.

［11］［宋］欧阳修著. 李逸安点校. 欧阳修全集. 北京：中华书局，2001.

［12］［西汉］司马迁. 史记. 北京：中华书局，1982.

［13］［元］脱脱等. 宋史. 北京：中华书局，1985.

（二）著作

［1］陈传平. 曲阜孔庙·孔林·孔府. 西安：三秦出版社，2004.

［2］陈传平. 世界孔庙. 北京：文物出版社，2004.

［3］陈南生. 中国教育精神. 广州：广东人民出版社，2007.

［4］董喜宁. 孔庙祭祀研究. 北京：中国社会科学出版社，2014.

［5］范小平. 中国孔庙. 成都：四川文艺出版社，2004.

［6］方俊吉. 认识孔子、孔庙与祭孔. 高雄：高雄市文献委员会，2008.

［7］傅熹年. 中国古代城市规划建筑群布局及建筑设计方法研究. 北京：中
　　国建筑工业出版社，2001.

［8］胡务. 元代庙学：无法割舍的儒学教育链. 成都：巴蜀书社，2005.

［9］黄书光. 中国社会教化的传统与变革. 济南：山东教育出版社，2005.

［10］孔德平. 曲阜孔庙祭祀通解. 北京：现代出版社，2006.

［11］孔祥林. 孔庙·孔林·孔府. 北京：中国水利水电出版社，2004.

［12］李大华，周翠玲. 历史文化资源与城市风格定位——以广州为实例. 北
　　京：人民出版社，2008.

［13］李其荣. 城市规划与历史文化保护. 南京：东南大学出版社，2003.

［14］李永康，高彦. 北京孔庙国子监史话. 北京：北京燕山出版社，2010.

［15］刘德增. 孔庙. 北京：华语教学出版社，1993.

［16］刘业伟. 远去的历史场景：祀孔大典与孔庙. 济南：山东文艺出版社，
　　2009.

［17］吕友仁译注. 周礼译注. 郑州：中州古籍出版社，2004.

［18］骆承烈. 孔子家族全书·文物古迹. 沈阳：辽海出版社，1999.

[19] 骆承烈. 孔子历史地图集. 北京：中国地图出版社，2003.

[20] 毛远明. 碑刻文献学通论. 北京：中华书局，2009.

[21] 彭蓉. 中国孔庙建筑与环境. 郑州：中州古籍出版社，2011.

[22] 曲英杰. 孔庙史话. 北京：社会科学文献出版社，2011.

[23] 泉州府文庙文物保护管理处. 泉州府文庙碑文录. 福州：海潮摄影艺术
出版社，2009.

[24] 单霁翔. 文化遗产保护与城市文化建设. 北京：中国建筑工业出版社，
2009.

[25] 隗瀛涛. 孔学孔庙研究. 成都：巴蜀书社，1991.

[26] 吴福林. 夫子庙史话. 南京：南京出版社，2004.

[27] 许儒慧. 云南文庙. 北京：民族出版社，2004.

[28] 杨刚. 儒学之旅：全国孔庙书院·贡院·考棚完全手册. 北京：外语教
学与研究出版社，2009.

[29] 杨宏烈. 城市历史文化保护与发展. 北京：中国建筑工业出版社，2007.

[30] 张华松. 历城县志. 济南：济南出版社，2007.

[31] 张亚祥. 江南文庙. 上海：上海交通大学出版社，2009.

[32] 朱亚飞，陈东升. 山东通史·明清卷. 济南：山东人民出版社，2009.

（三）期刊论文

[1] 陈勇勤. 光绪间关于王夫之从祀文庙的争论. 中州学刊，1997（1）.

[2] 范小平. 旧城改造中孔庙建筑群保护应注意的几个问题. 四川文物，
2000（4）.

[3] 范小平. 中国孔庙发展史简论. 四川文物，1990（4）.

[4] 范小平. 中国孔庙在儒学传播中的历史地位. 四川文物，1998（12）.

[5] 冯仲凯. 府学文庙：儒风长存. 走向世界，2014（26）.

[6] 广少奎. 斯文在兹，教化之要——论文庙的历史沿革、功能梳辨及复兴
之思. 河南大学学报：社会科学版，2017（4）.

［7］胡仁.元代庙学的发展过程.文史杂志，1994（5）.

［8］黄新宪.台湾庙学探讨.教育科学，2009（5）.

［9］姜东成.元大都孔庙、国子学的建筑模式与基址规模探析.故宫博物院
院刊，2007（2）.

［10］孔德懋.研究中国孔庙发展史　弘扬中华优秀传统文化——序《中国
孔庙》.中华文化论坛，2005（2）.

［11］孔祥雷.孔庙及其社会价值.沧桑，2006（8）.

［12］孔祥雷.中国和海外近邻文庙制度之比较.孔子研究，2006（3）.

［13］李鸿渊.孔庙泮池之文化寓意探析.学术探索，2010（2）.

［14］李建初.浅谈资中孔庙的保护与利用.四川文物，2004（2）.

［15］李世凤，许儒慧，张凌云.云南文庙的保护与开发利用.创造，2003
（11）.

［16］李芸.孔庙与儒学的传播.四川文物，1998（2）.

［17］林开登.台南孔子庙的保护和管理.四川文物，1998（12）.

［18］刘融.王守仁从祀孔庙之争.广西社会科学，2005（1）.

［19］柳雯.文庙在当代社会的利用对策研究.人民论坛，2011（23）.

［20］户华为.从布衣寒士到孔门圣贤——张履祥"由凡入圣"的塑造历程.
清史研究，2005（1）.

［21］骆承烈.儒家文化的精神家园——孔庙.孔子研究，2007（2）.

［22］曲英杰.历代京都及地方孔庙考述.孔子研究，1996（3）.

［23］曲英杰.曲阜历代孔庙考述.孔子研究，1993（3）.

［24］沈旸.斯文圣境——中国古代地方孔庙的建筑布局.中国文化遗产，
2014（5）.

［25］申万里.代庙学考辨.内蒙古大学学报：人文社会科学版，2002（2）.

［26］施克灿.教师荣誉制度的历史渊源.教师教育研究，2017（4）.

［27］唐红炬.文庙的保护与利用——应在冲突中寻求和谐.中国文物科学研
究，2007（2）.

[28] 田增志. 中国庙学教育实践及其启示. 内蒙古民族大学学报：社会科学版，2009（5）.

[29] 王秋方. 孔庙、国子监全图考. 中国历史博物馆馆刊，1999（1）.

[30] 夏青云. 论文庙的当代价值. 戏剧丛刊，2013（4）.

[31] 肖敬，曹珂. 明清地方文庙建筑布局与礼仪空间营造研究. 建筑学报，2012（2）.

[32] 徐梓. 书院祭祀的意. 寻根，2006（2）.

[33] 杨朝明. 礼制"损益"与"百世可知"：孔庙释奠礼仪时代性问题省察. 济南大学学报：社会科学版，2009（5）.

[34] 于学斌，刘思游. 孔庙的教育功能试论. 哈尔滨学院学报，2008（9）.

[35] 袁先能，孟琳. 中国孔庙的文化特征管窥. 四川工程职业技术学院学报，2006（3）.

[36] 张敏杰. 着力发掘利用孔庙的教育功能，使之服务于当代. 黑龙江教育学院学报，1998（3）.

[37] 张亚祥，刘磊. 孔庙和学宫的建筑制度. 古建园林技术，2001（4）.

[38] 张颖，李伟. 中国传统文庙建筑空间布局调研报告——以资中文庙为例. 门窗，2014（11）.

[39] 张幼辉，常祥. 济南府学文庙. 中国文化遗产，2007（2）.

[40] 赵国权. 论儒学引领下学校伦理文化的构建与启示. 河南大学学报：社会科学版，2007（2）.

[41] 周聪. 孔庙与"庙学合一". 文史杂志，1999（3）.

[42] 周洪宇，赵国权. 文庙学：一门值得深入探究的新兴"学问". 江汉论坛，2016（05）.

（四）硕博学位论文

[1] 董喜宁. 孔庙祭祀研究. 湖南大学博士学位论文，2011.

［2］房伟. 文庙祀典及其社会功用——以从祀贤儒为中心的考察. 曲阜师范大学硕士学位论文，2010.

［3］郭闯. 宋代书院的社会教化研究. 河南大学硕士学位论文，2007.

［4］李菲. 宋代孔庙从祀先贤儒研究. 东北师范大学硕士学位论文，2015.

［5］柳雯. 中国文庙文化遗产价值及利用研究. 山东大学博士学位论文，2008.

［6］彭蓉. 中国孔庙研究初探. 北京林业大学博士学位论文，2008.

［7］乔峰. 唐宋时期孔庙从祀制度研究. 山西师范大学硕士学位论文，2014.

［8］石伟. 济南府学文庙的保护与开发问题探析. 山东大学硕士学位论文，2010.

［9］田增志. 文化传承中的教育空间与教育仪式——中国庙学教育之文化阐释与概念拓展. 中央民族大学博士学位论文，2010.

［10］吴晓隽. 现代旅游活动与文化遗产保护. 浙江大学硕士学位论文，2002.

（五）报纸

［1］刘续兵. 文庙祭祀的文化意义. 光明日报，2013-03-25.

［2］杨润勤. 文庙"流"宝知多少　风雨飘摇呼"救命". 大众日报，2003-07-06.

后记

　　文庙是将"主祀孔子""旁祀贤达"与"教授儒经"相结合的一种独特的教育建筑和形式。它以庙学合一为特色，以祭祀和教学为手段，张扬儒家思想和理念，涵养社会发展的内生性力量，形塑士人群体及整个社会的价值观。以文庙为载体所进行的各种活动，彰显着社会共同寄托和认同的文化符号，并将其物化为一个可触摸、可观瞻甚至可实现的形态。正因如此，以文庙为载体所进行的教育活动，被后世称为"庙学"活动，中国也由此进入长达千余年的"庙学时代"，直至清末。

　　在古代，文庙是祀圣哲、习礼仪、讲经籍、议文事、褒贤达之地，在当代则是讲国学、传文化、弘传统、聚人心之所。事实上，文庙不仅具有政治、文化、教育、精神等多个方面的意义和价值，还涉及建筑、绘画、民俗、宗教等诸多领域的意趣和观念，从而成为历代馈赠至今的独特的历史遗存。从历史上看，文庙承载着丰富的社会、历史、文化和教育信息，具有重要的政治教化、文化传承、信仰认同、精神激励、教育教学等功能；就未来而言，文庙要脱胎换骨、重获生机，就应该以祭祀活动打造民众精神守望地，以传承国学打造社会主义核心价值观培育地，以所奉祀人物打造人生意义坐标地，使文庙继续发挥出强大的教化功能。因此，对文庙进行深度研究，其意义毋庸置疑。

济南府学文庙是宋代至今的一座重要的府级文庙，是山东存续千年的文化、教育的象征和中心。虽曾经历战乱、风雨和人为破坏，但其框架、形制等仍基本保留，其规模也令熟悉当代都市生活的人们相当震撼。近些年来，经过有关部门的精心修复，济南府学文庙现已焕发出了勃勃的生机，并成为济南市重要的文化地标。尤其是文庙拥有大、小两处泮池，池水常年流动，可称冠绝全国。因此，该文庙被列入首批"中国文庙研究丛书"之中，亦属当然。

祭祀、褒奖和教育是文庙的三大基本功能。功能来源于并体现于活动，所以祭祀、褒奖和教育活动是文庙最基本的活动，济南府学文庙自然也不例外。祭祀只是一种表现形式，其真正目的是教化。所谓"祀所以昭孝息民、抚国家、定百姓也"，祭祀仪仗乐舞的隆重威仪、祭器祭品制备的恭谨丰盛，都是祭祀礼仪的外在表现。教化百姓，维护礼乐文明，强化宗法制度和巩固国家政权，才是祭祀被称为"国之大事"的精神内核。今天与过去当然有所不同。如果说过去是以政治教化为主，那么今人的祭祀更多是表达对孔子的怀念以及对以孔子为代表的中华优秀传统文化的尊崇。

如今，"回归儒学""回归传统"已成为一种热潮。在此时代背景下，文庙活动更加凸显了它的现实价值——无论是作为传承中华优秀传统文化的场所，作为了解和阐释儒家学说的媒介，还是作为打造都市众生人生意义的坐标地，文庙都无疑具有得天独厚的文化优势。因此，我们必须保护和利用好济南府学文庙，进而开发其教育价值、文化价值、艺术价值，并通过开展国学大讲堂以及开笔礼、成人礼等各种文化活动，使千年文庙重新回到人们的视野，与现代社会相适应，成为弘扬中华优秀传统文化的重要活动场所。

在"中国文庙研究丛书"总主编和山东教育出版社的一再催促下，到目前为止，《济南府学文庙研究》一书总算接近完竣了。本书拖延数年，至今才算完稿。本书是在隋明超同学硕士学位论文的基础上扩充和修改完成的。该同学是本人当年指导的研究生，在此对她的贡献表示感谢！此外，庄倩钰、孟娣同学都是目前本人指导的在校研究生，她们不仅录入了"附录"的内容，还编写了书末参考文献。当然，全书最后是由本人改写、调整、定稿的，所以，观点是否允当、写作是否严谨、行文是否周备、文风是否一致等，概由本人负责。

本书即将完竣之际，要感谢张良才、修建军两位教授，感谢远在武汉的周洪宇教授。他们都是本人的授业恩师。作为业界后学，本人的每一点学术进展都是恩师多年来关心和支持的结果，都是对他们悉心培养的一种汇报和回报。于此，谨向各位恩师深致谢忱！还要感谢以周洪宇教授为首的华中师大教育史研究团队。十余年来，本人深度参与了该团队的各种学术活动，收获颇丰，本书的研究框架也蒙团队各位同仁所赐。感谢以胡钦晓教授为首的泰山学者研究团队。本人是该团队的核心研究成员，本书也是该团队的建设成果之一。感谢李方安教授、姜丽静教授以及曲阜师范大学教育学院的其他诸位好友。他们都以不同方式对本人给予了关心。感谢赵国权教授的理解和鼓励。如果没有赵兄设身处地的宽容，本书的撰写就难以获得今天较为宽裕的时间。感谢济南市文物保护利用中心王程提供的珍贵资料。还要感谢山东教育出版社的大力支持，尤其感谢苏文静老师的无私奉献，没有他们的支持与奉献，本书也很难如期出版。

本书在撰写的过程中，吸收了众多专家以及学者的相关研究成果。这些成果尽量以"主要参考文献"的形式在书末注明。然百密难免一疏，对于未能注明之处，尚乞学界人士见谅。

是为记。

广少奎
2021年1月于曲阜师大东樵别居

图书在版编目（CIP）数据

济南府学文庙研究 / 广少奎等编著 . —济南：山东教育出版社，2021.10
（中国文庙研究丛书 / 周洪宇总主编）
ISBN 978-7-5701-1630-0

I. ①济⋯　II. ①广⋯　III. ①孔庙—研究—济南　IV. ① K928.75

中国版本图书馆 CIP 数据核字 (2021) 第 056518 号

SERIES OF STUDIES
ON
CHINESE
CONFUCIUS
TEMPLES

中国 文庙
研究
丛书

A
STUDY
ON
JINAN
CONFUCIUS
TEMPLE

济南府学文庙研究

广少奎 庄倩钰 等编著

选题策划：蒋　伟 苏文静
责任编辑：苏文静 徐　婉 董　丁
责任校对：任军芳
装帧设计：姜海涛

主管单位：山东出版传媒股份有限公司
出 版 人：刘东杰
出版发行：山东教育出版社

地　　址：济南市市中区二环南路 2066 号 4 区 1 号
邮　　编：250003
电　　话：(0531) 82092660
网　　址：www.sjs.com.cn

印　　刷：山东临沂新华印刷物流集团有限责任公司
开　　本：720 毫米 ×1020 毫米　1/16
印　　张：13.75
字　　数：176 千
版　　次：2021 年 10 月第 1 版
印　　次：2021 年 10 月第 1 次印刷
印　　数：1－2000
定　　价：69.00 元

如印装质量有问题，请与印刷厂联系调换，电话：0539－2925659